欲ばらない練習

Practice not to be greedy

相模女子大学心理学教授
石川勇一

フォレスト出版

はじめに

必要な欲と不必要な欲を見分ける賢さを身につけよう

皆さんは欲ばりすぎて失敗したことはありませんか。あるいは意欲が湧かなくて困ったことはありませんか。あるいは他人の欲望や執着に悩まされたことはありませんか。この本は、人間なら誰でももっている「欲望」についてよく考え、「欲望」と賢くつき合えるようになるための書です。

第Ⅰ部は、欲望の種類や影響について知ります。さまざまな種類の欲望の影響について具体的に知り、ご一緒に考えていきます。いわゆる「欲望入門」、「欲望の分析」のような内容です。

第Ⅱ部は、「欲望」との賢いつき合い方を具体的に提案します。「欲の取扱説明書」のような内容です。

本書は高校生でも読めるようにやさしく書きました。そして、大学生でも、大人でも、高齢者でも、ビジネスの成功者でも、知識が豊富な人でも得るところがある内容だと思います。なぜなら、どんなに知識や人生経験のある人であっても、社会的に立派な方であっても、案外自分の欲望についてはよく知らず、欲に振り回されていたり、欲をかきすぎて失敗してしまうことはよくあることだからです。

いろいろな欲を満たしているはずなのに、なぜか幸せではないと感じている人もけっこういます。欲に突き動かされる私たちは、永続的に満ち足りるということがなかなか体験できないのです。

欲について無知だと、一時の欲に負けることで、失敗を繰り返したり、人生を棒に振ってしまったり、いつまでも幸せになれなかったり、成長の機会を逃してしまいます。欲を満たしても、なぜか虚しく感じることも少なくありません。ですから、納得のいく人生を過ごすためには、欲をよく知り、欲と適切につき合うことはとても大切なことなのです。

「欲望」の影響は、個人の問題だけには留《とど》まりません。他人の強い欲望に影響を受けたり、多くの人の欲望は社会全体に大きな影響を与えます。社会も、地球さえも、人間の欲望によって動かされています。

たとえば、人間の過剰な活動によって環境が破壊され続け、今日《こんにち》では毎日たくさんの生物種が絶滅しています。絶滅した生命は二度と蘇ることはありません。私たちは豊かな生態系の恩恵によって生かされているにもかかわらず、恩人である生命圏を破壊し続けているのです。天に唾を吐けば、吐いた唾を浴びることになるように、生態系を破壊する者の末路は厳しいことになるでしょう。さまざまな環境問題はもう待ったなしのところまで来ていますが、解決のためには、このような事実を直視し、行き過ぎた欲望を抑えることがどうしても必要なのです。本書では個人の欲望から、人類全体のテーマである欲望について考え、その対策を提案します。

つまり、欲をよく知り、欲をコントロールすることは、個人の幸せのためだけではなく、これからも私たちが地球に生き残り、あらゆる生命が平和に共存するためにも、必須の知識と技術だということなのです。

しかし、欲をすべて捨てることができるかというと、なかなかそれはできないし、欲がなかったら人生つまらないと思う人も多いでしょう。

ご安心ください。結論からいうと、この本は欲をすべて捨てることを勧めるのではありません。それは完全な覚りを目指す出家修行者がやることです。ブッダの弟子たちは、今も、すべての欲から解放される修行に真剣に取り組んでいます。それは世俗の生活をしている私たちにはできない聖なる修行です。ですから私は、そのような難しい修行に取り組んでいる比丘《びく》たち（出家修行者のこと）を心から尊敬しています。短い期間ですが、私はミャンマーとタイで僧侶として出家修行をさせていただいた経験があるので、熱心に仏道修行に励む比丘たちの素晴らしさをよく知っているのです。欲望から離れた出家修業を体験したからこそ欲望の問題がよく見えるようになったのです。

一方で、世俗の社会で暮らす私たちは、欲を完全に断つことは困難です。仕事をしながら、家族がありながら、欲望から完全に離れることはほぼ不可能です。さまざまなしがらみのなかで、ほとんどの人は程度の差こそあれ、欲望に支配されてしまっています。

しかし、すべての欲が悪いといっても解決にはつながりません。満たす必要のある欲もあります。必要悪といえる欲もあります。何が必要のある欲であるかというのは、人によってそれぞれ異なるので、一概にはいえません。しかし、たとえば喉が渇いたときに、「水が飲みたい」と思う程度の欲は、誰にでも必要な欲です。生活費が欲しいと思う欲も、世俗の社会で生きるためには必要な欲です。

プロの職業人であれば、プロの知識を増やし、技術を磨いて上達したいという欲は必要です。学生の向学心や、学者の好奇心は必要です。人を援助する仕事をしている人は、他人が幸せになってほしい、苦しみがなくなってほしいと願う心は、絶対に必要です。仏道の修行をする人ならば、心を清らかにして、真理を覚り、解脱《げだつ》を達成したいという純粋で揺るぎない意欲が欠かせません。これらは自他を幸せにするよい欲なのです。生まれもった天命や使命のようものを感じている方ならば、自分の役目を果したいと強く思うのは当然であり、それはおそらく必要なことなのでしょう。

私たちは欲によって行動し、その行動によって経験が生まれ、その経験から多くのことを学びます。ですので、欲のエネルギーを使って生きることは、私たちの成長に欠かせないことですし、大切な学びの原動力になるのです。

しかし、欲ばりすぎたり、欲の対象に強く執着《しゅうちゃく》すれば、かえってうまくいかなくなったり、手に入れられないことで悩んだり、絶望したり、嫉妬したり、さまざまな苦しみが増えるというのも事実です。自分の欲望に負けて、やるべきでないことをしてしまったら、後悔するでしょう。たとえば、食べすぎて体調を崩してしまったり、ネットの動画やSNSなどに夢中になって時間を浪費したり、好きな人を追いかけすぎて嫌われてしまったりなどは、多くの人が経験していることではないでしょうか。

必要のある適度な欲はよい効果をもたらすことがあるけれども、欲ばりすぎないほうがよいことが多いのです。欲望のままに生きるよりは、節度をもっているほうが、ものごとはうまくいきやすいのです。節度があることによって、かえって心は満たされ、安定し、充実します。貪らず、強欲にならず、何にもしがみつかない生き方をしたほうが、結果として欲が満たされることも多くなり、幸せは増大します。欲望にはこのようなパラドックス（逆説）があるのです。

ですので、幸せになるためにこそ、急がば回れではないですが、欲についてよく知り、「欲ばらない練習」が必要なのです。すべての欲を捨てようとするのではなく、必要な欲と、そうでない欲を慎重に見分けて、必要でない欲望を過剰に「はらない」ようにする練習が必要なのです。

しかし、そういわれてもまだ納得できない方もたくさんおられると思います。そのため、本書では、まずは第Ⅰ部で、欲の性質、欲の種類、欲がもたらす影響について具体的に考えながら、掘り下げてみたいと思います。そうすると、どのような欲とどのようにつき合うことがよいのか、考えが整理されるでしょう。欲に対する理解が深まれば、自然に欲とのつき合い方が上手になると思います。

欲ばりすぎないほうがよいということが腑《ふ》に落ちたとしても、なかなか思い通りにならないことも多いでしょう。これが欲のやっかいなところです。欲望に振り回される思考や行動は、習慣化、パターン化しやすいのです。パターン化し、依存症になってしまった欲は、頭ではよくないと分かってはいても、自分では簡単には止められないのです。ですので、第II部では、欲ばりすぎないための具体的な方法をいくつかご提案したいと思います。「欲の取扱説明書」です。自分に合った方法を見つけて、できる範囲で実践してみることをお勧めします。やれば必ず結果が出るので、納得されると思います

私は30年近く心理学者として活動してきました。人間の心理を研究し、大学の教壇に立ち、多くの方のカウンセリングを行い、また初期仏教の修行も行い、瞑想の指導もたくさんしてきました。この本の内容は、これらの教育、研究、臨床、修行の経験に基づいています。普通の心理学と大きく異なるのは、私がもっとも情熱を注いで取

り組んできた初期仏教の教えや修行の経験にも基づいていることです。現代心理学は、まだまだブッダの智慧にはまったく追いついていないので、初期仏教の教えをよく理解して実践すると、驚くような発見がたくさんあると思います。

私は生来欲ばりな気質なので、欲ばってしまって失敗したり、後で後悔したことは数え切れないほど何度も経験しています。しかし、もっと大切なことを知りたい、もっと向上したい、もっと多くの人に幸せになってほしいというよい欲は、私を確実に成長させてくれました。ですので、本書の内容は、私自身に今も実際に役立っていることでもあります。

この知識と方法を通して、読者の皆さまが、欲ばりすぎずに、美しく豊かな生き方を見つけ出し、こよなき幸せをつかんでいただきたいと心から思っています。

私たちは欲をよく知り、欲ばりすぎずに、節度のある理にかなった考え方や行動をすることによって、他の多くの生命と調和して生きることができるようになります。そのような生き方をすることが、幸せになる唯一の道であると同時に、これからの地球人の務めではないかと思います。

読者の皆さまが幸せになりますように。

すべての生命が幸せでありますように。

２０２４年７月７日

石川勇一

CONTENTS

2章 幸せになる心

3章 欲の分析と取り扱い方

4章 出家修行で見えた真実

II 欲との賢いつき合い方【実践編】

5章 掃除

掃除は場も心も浄める——182

6章——シーラ

7章 ダーナ

8章 知足と感謝の瞑想

I

欲を知る【知識編】

モテたい
お金がほしい
イイねされたい

1

章

欲ばると人は どうなってしまうのか？

欲望をかなえたいと望み
貪欲の生じた人が、
もしも欲望をはたすことができなくなるならば、
彼は矢に射られたかのように
悩み苦しむ。

―― 中村元訳、KN、Suttanipāta ――

欲に動かされる日常

はじめに、私たちがいつどのように欲をもち、欲に動かされているのかを確かめてみましょう。私たちの心には、朝起きてから夜眠るまで、ほとんど絶え間なく、さまざまな欲望が次々と生じては消え、それに動かされています。

たとえば、朝目が覚めたら、次のような欲望が湧くことがあります。伸びをしたい、時刻を知りたい、外の天気を知りたい、お日様を見たい、新鮮な空気を吸いたい、トイレに行きたい、顔を洗いたい、歯を磨きたい、水を飲みたい、花を眺めたい、美味しいご飯が食べたい、動物に触れたい、家族や他人に会いたい、ネットのメッセージを確認したい、ニュースなどを知りたい、……という具合にです。

このように次々と生じる欲望によって私たちは行動し、行動すると次の欲望が現れ、その欲望によって行動する、ということを繰り返します。欲望は生じては消え、生じては消えるという生滅を繰り返し、次々と移り変わっていきます。

欲に動かされる集団

個人だけではなく、集団も絶え間ない欲望によって動かされています。多くの企業は、利益を上げようと必死です。さまざまな手段を使って人々の注意を引いて欲を駆り立てて、商品やサービスを購入するように促します。

家族、学校、地域、企業、宗教、国家、その他さまざまな大小の集団の中でも、さまざまな思惑が錯綜《さくそう》します。主導権をとって思い通りに動かしたい、少しでも多くの人から好かれたい、支持を得たいと考える人たちがいて、策を巡らせ、権力争いや勢力拡大の競争が繰り広げられます。

人間は好き嫌いがあるので、集団の中で、好みの人ができた人は、少しでも気に入られようとして、どうしたら望む通りの関係になれるか考え続けています。恋心のように独占欲が強いときには、思い通りにならないと深く悲しみ、嫉妬、憎悪に変わることも多いでしょう。

集団の中に好きになれない人がいることも少なくありません、そのような場合には、会いたくないという欲望にしたがって、どうしたら会わないで済むか考えて悩みます。なんとかして嫌いな人をやっつけてやりたいと思い、攻撃してしまう人もいます。

世界の富を独り占めにしたい、世界の支配者になりたい、世界中の情報を操作したい、などという桁外れな欲望をもつ人もいます。このような欲の強い人たちが巧妙に情報を操作すれば、多くの人たちが間違った情報を信じ込み、マインドコントロールされてしまうでしょう。このような情報操作によって、人々の憎しみがかきたてられ、戦争や大量殺戮《さつりく》さえ起こりかねません。心の汚れた強欲者が実行力を手に入れたとき、世界では悲惨なことが起こり、地獄となり、暗闇になってしまうのです。

社会というのは、このような個人と集団の無数の欲望が生まれては消え、無数の欲望が錯綜してダイナミックに変容し続ける大きな渦巻きのようなものです。

欲は暴走しやすい

欲を満たそうとして、ついついやりすぎてしまい、後になって後悔した経験は誰でもあるのではないでしょうか。お菓子を食べ出したら止まらなくなって食べすぎてしまったり、ネットの動画を見ていたら夜中まで見続けて翌日は睡眠不足でつらかったり、お気に入りの人を追いかけすぎてかえって嫌われてしまったり、などなど。

このくらいならまだそれほど深刻ではないかもしれません。ほろ苦い失敗談として笑うこともできるでしょう。

しかし、欲は暴走するとさらに危険になります。

たとえば、ＳＮＳやゲームに熱中して勉強や仕事をやらなくなってしまった、お酒を飲みすぎて事故を起こしてしまった、美しくなりたくて整形手術を繰り返したらかえって醜い容姿になってしまった、美味しい食べものばかりを毎日とっていたら重い病気になってしまった、投資にのめり込んで全財産を失ってしまった、愛する人に長年貢いだのに見捨てられてお金も生きる気力も失った、宗教を熱心に信仰したら人格も家庭も崩壊してしまった、ネット上で批判したい気持ちが止められなくなり誹謗《ひぼう》中傷して他人を深く傷つけて追い込んでしまった、暴力がエスカレートして身近な人を常習的に虐待するようになった、欲情を抑えられずに性加害をして犯罪者になってしまった、薬物の依存症になって精神障害者になってしまった、ギャンブルにはまって負けた金を挽回《ばんかい》するために窃盗をしてしまった、……などなど。

ここまで欲望が暴走すれば、かなり深刻です。笑って済む話ではありません。しかし、実際にここまで暴走してしまう人も少なくないのです。あなたの周りでこのような状況に陥っている人を見たり聞いたりしたことはないでしょうか。あるいは、ご自分でこのような行動をしてしまった経験があったり、これに近い経験をしたという方もいらっしゃると思います。

止められない欲

今挙げたような例は、欲望が大きく膨らみ、強くなり、自己破綻してしまったのです。ここまで暴走してしまった人は、もはや止めようと思っても、自分では止められない状態になっています。

違法薬物の犯罪者は、警察に捕まると悔しがる一方で、ホッとしたと振り返る人も多いのです。それは、身柄を拘束されない限り、自分では薬物を止めることができずに絶望しているからです。犯罪者として拘束される以外に、薬物の誘惑を断ち切る方法が見つからない状態にまで陥っていたのです。

破綻するまで自分では欲の暴走を止められないという心理状態は、アルコール依存症、ギャンブル依存症、ストーカー、現実を見失うほどの恋愛、異常な権力欲、名誉欲、承認欲求、過食の欲求など、さまざまな欲望で同じように引き起こされることがあります。

たくさんの再生数を得ることに執着しているユーチューバーが、刺激的な動画を撮影しようとして、事故を起こして死んでしまったという事件が世界中で起きています。これも自らの欲の暴走によって命を失ってしまったということなのです。

欲望のままに行動していると、欲望は肥大化し、ある一線を越えると欲に完全に支配されてしまい、もうやめたいと思ってもやめられなくなっています。欲望に操られ、あたかも乗っ取られてしまったかのような人間に成り下がってしまうのです。

欲望は人を自由に幸せにするのではなく、反対に、人を支配し、不幸せにしてしまいかねない危険なものなのです。

自分も他人も苦しめる欲

このように欲望に支配されてしまうと、自分がとても苦しいだけではなく、生活も破綻して、異常な行動をするようになるので、たいていは周囲の人も悩まされます。スピード狂の運転手が、自分の欲を満たすために暴走して、他人の命を奪ってしまうこともあります。ギャンブル依存症者は、ギャンブルに負けて自己破産するだけではなく、他人のお金を盗んでしまうことが多いのです。

欲が暴走すると、自分を破滅させるだけではなく、他者や社会にとってもとても迷惑をかけるのです。

エピキュリアン

このように、欲というのは恐ろしい側面があるのですが、欲を満たすことこそ人生の最高の幸福であると考える人は少なくありません。快楽を追い求める人のことをエピキュリアンと呼びますが、エピキュリアンは、美味しいもの、美しいもの、金銭的利益、名誉、称賛、快楽などを貪欲《とんよく》に求めます。

しかし、エピキュリアンは、短期的には快楽を謳歌《おうか》するのですが、長い目で見ると心が満たされないことが多いのです。薬物依存症者のように、深い沼に落ち込んでしまう危険性が高いのです。

その理由は、快楽というのは長く続かないからです。快楽が消えてしまうと、高揚していた気分が逆に沈み込み、快楽の刺激がない時間が耐えられなくなります。そのために、手段を選ばずに再び快楽を得ようとするようになります。こうして、いつもいつも心は快楽を手に入れることにとらわれるようになり、地道で建設的な努力ができなくなり、生活が荒《すさ》み、不幸になってしまうのです。

今だけ、金だけ、自分だけ

「今だけ、金だけ、自分だけ」という言葉をきいたことがあるでしょうか。これは、東京大学大学院の鈴木宣弘先生（農業経済学者）が、現代の日本の政治家、官僚、企業の価値観の特徴を表現した言葉です。国のリーダーこそ長期的で広い視野に立って多くの人々の幸せを考えなければならないはずなのに、このような近視眼的な私利私欲にとらわれているというのは、社会を劣化させ、多くの人に不幸をもたらしますので、本当に罪深いことです。

「今だけ、金だけ、自分だけ」という考え方は、国のリーダーだけではなく、日本国民全体にも広がってしまっているのではないかと危惧しています。

「今だけ、金だけ、自分だけ」という原理で動く快楽主義者は、着々と自分自身の心を蝕《むしば》んでいるだけではなく、社会全体を劣化させ、不幸な人を増やしているように思うのです。

欲望は国も支配する

19世紀にイギリスは中国（当時の清朝）にアヘン戦争を仕掛けました。イギリスはインドで生産されたアヘンを中国に輸出しました。アヘンからはモルヒネやヘロインなどの麻薬が精製され、多くの中国の人々がそれらに依存し、健康を害し、生産力や社会秩序が低下しました。中国は輸入を禁止しましたが、国民はアヘンの快楽には勝てず、地下でアヘンを買い求めました。その結果、イギリスは中国に大きな経済的打撃を与えることに成功し、中国を植民地化する足がかりとなりました。

国を滅ぼそうとしたときに、ミサイルや爆弾で攻撃することが唯一の方法ではありません。国民の欲望をかきたてることによって、その国を支配することさえできるのです。今日でも「麻薬戦争」は世界各地で起きており、現代のアヘン戦争の問題はなくなっていません。

欲を知ることで幸せになれる

このように、個人も集団も、欲望がエネルギー源となってさまざまな動きが生じ、欲望によってつねに変化しています。そして一線を越えると止められなくなり、暴走するのでとても危険なのです。

にもかかわらず、あらたまって「欲望とは何か」と立ち止まって考えることはなかなかありません。自分の欲望を満たすためにはどうしたらよいかということは誰もが一生懸命考えるのですが、そこから一歩引いて、「欲望とは何か」とはなかなか考えられないのです。

私たちは、欲を満たすことで幸せになるとなんとなく思い込んでいますが、そもそも、欲望に駆り立てられ続ける人生が、本当に幸せなのでしょうか。少しは幸せになるとしても、それがもっともよい生き方なのでしょうか。欲望に駆り立てられて、あちこちを動き回っているにもかかわらず、心は満たされなかったり、疲弊したり、欲望が満たされずに悲しみや怒りを感じることも少なくないはずです。

欲望をよく観察してみると、満たされる欲望よりも、満たされない欲望のほうがずっと多いものです。欲望のままに生きることが、幸せな生き方と思い込んでいるけれども、実際には、欲望に振り回されることによって、幸せから遠のいていることが多いのです。欲望には正の側面だけではなく、必ず負の側面が影のようについて回るのです。

ですから、欲について何も知らず、考えずに生きるということは、見知らぬ人と同居して生活を続けるようなものなのです。同居人から思わぬ幸せをもらうこともあれば、大変な迷惑を被ることもあるでしょう。ですので、同居人についてよく知り、どのようにつき合ったらよいのか、よく考える必要があるのです。

欲望の性質を知らずに生きることは、地図をもたずに旅をするようなものです。GPS付き地図アプリを手に入れて、どのルートで目的地に行くかプランを立ててから旅に出れば、目的地に到着できる可能性は高まります。たとえば「インドに行ってみたい」と思ったときに、地図をもたずに適当に歩き回っても、インドに到着する可能性はないでしょう。

これと同じように、欲望について知らずに生きながら、優れた幸せを実現することは不可能なのです。欲に対して無知で無防備で生きていると、欲に振り回され、苦い経験をすることになります。仏教的にいうと、「欲」の性質について知らないことは、「無智」という煩悩に蝕まれているのです。

食欲

では、多くの人にとって身近な欲望を例にとって、それが何をもたらすものなのか、具体的に考えてみましょう。はじめに、食欲について考えてみます。

食べたいという欲望は、肉体的な本能ですので、肉体をもっている生命ならば、誰もが体験します。動物は食べることによって必要な栄養を摂取し、身体を維持しているからです。食欲は人間だけではなく、動物や虫たちなど、肉体をもつ生命に共通した本能的欲求です。それぞれの身体に適合した食べものを、適量食べることができれば、私たちは健康とエネルギーを得ることができます。

日本人の多くは、必要な食べものをそれほど不自由なく得ることができています。近くのコンビニやスーパーに行けば、たくさんの食べものを簡単に手に入れることができます。しかし、これは当たり前のことではありません。世界に目を転じれば、WFP（国連世界食糧計画）によると、今日でも人類のおよそ10人に1人、およそ8億人の人々が必要な食べものを十分に得ることができず、栄養失調になったり、飢餓に悩まされています。近年の気候変動や戦争により、作物が十分に取れなくなったり、運搬が困難になったりということもその一因です。

しかし実際には、飢餓や栄養失調の原因は、地球上に食料が足りないからではありません。環境破壊が進んだ現在でも、地球の大地は、全人類80億人が十分に生きていけるだけの食料を提供してくれています。それではなぜ食欲を満たせず、健康を維持できない人たちが8億人もいるのでしょうか？

それは、豊かな国の人たちが、食べものを分かち合わないからです。日本のような豊かな国の人々は、もっと美味しいものはどこにあるかと一生懸命探し回っていますが、飢えて死にそうな人たちにどうやって食物を安定的に提供しようかと真剣に考える人はいません。自分の快楽のための食には多くの人が強い関心を抱き、お金も出すのですが、食べられない人々に食料を分かち合おうという慈悲の心を抱く人は少ないのです。悲しいことですが、これが現在の人間社会の現実です。

日本国内に目を戻しましょう。食べものに溢《あふ》れかえった現代の日本人は、必要な栄養を摂取するための食欲だけではなく、もっと美味しいものをたくさん食べたいという欲をほとんどの人がもっています。美味しいものを食べたいというのは快楽の欲求ですが、この快楽欲に振り回されてしまうと、必要以上に食べすぎてしまったり、見た目や味がよいものを積極的に摂取してしまい、かえって健康を損なうことがあります。

健康な肉体は、身体にとってよいものを美味しいと感じるようにできています。しかし、現代では自然の食品は自分で努力して探さないとなかなか手に入らなくなってしまいました。人工的に加工をした食品はもちろんですが、自然のものに見える野菜や果物でさえ、品種改良が繰り返され、遺伝子が組み換えられたものも流通しています。見た目や味を操作された食べものを日常的に口にするようになった結果、身体によい野生の食品は美味しくないと感じる人が多くなってしまいました。舌で感じる甘みやうまみが強いものや、見た目が美しいものを美味しいと感じるように味覚が変わってしまっているのです。

快楽のために食べる

このように、私たちは野生の本能を失い、身体の維持や健康のためではなく、快楽のために食べることが多くなりました。あるいは、単なる習慣で機械的に食べたり、ストレス解消のために食べたり、娯楽として食べたり、話題のために食べたりすることも多いでしょう。大食い選手権などはその典型です。つまり私たちは、本来の食欲によって食べているのではなく、快楽欲によって、食を貪っているのです。

このような快楽欲によって不適切な食べ方を繰り返すと、やがて病気になったり、いつも体調が悪いという不定愁訴に悩まされることが多くなります。味の濃いもの、うまみの強いもの、見た目が美しいもの、話題になっているもの、高級なものなどをたくさん食べ続けると、身体によくないものをたくさんとり続けることになり、健康を害しやすいのです。

身体には悪いけれども、見た目がよく、美味しい味に加工された食材は、コンビニやスーパー、あるいは外食のレストランにたくさん並んでいます。そういう商品が一番よく売れ、利益が上がるからです。そのためにますます品種改良や超加工食品が増え、たくさん売られるようになり、病人や半病人が増えるという悪循環に陥っています。食べすぎてしまったり、日本人の身体には合わないものばかりを食べた結果として、肥満になったり、糖尿病になったり、がんや心疾患になったり、かつては存在しなかった新たな病気になったり、場合によっては摂食障害になったり、実にさまざまな形で健康を害してしまいます。

細かく観察できる人であれば、食べすぎたり、身体によくないものを食べることによって、身体的な不調を招くだけではなく、心がボーッとして注意が散漫になったり、集中力がなくなったり、やる気が出なくなったり、いつも眠くなるなど、精神的にも悪影響があることに気づくでしょう。

貪らずに食べる

お釈迦《しゃか》様は、修行を完成した後も、亡くなられるまでの45年間、1日1食で過ごされていたようです。精神を研ぎ澄ませるためにはこれがもっとも合理的だったのだと思います。現在でも、ブッダの弟子である上座部仏教の僧侶たちは、1日1食か2食で過ごし、正午を過ぎたら固形物を口にすることはありません。

私もそのような1日1食や2食の修行生活を体験しましたが、それで健康を害すことはまったくありませんでした。むしろそのほうがずっと効果的に瞑想修行ができるのです。

出家修業者は1回きりの食事も、ガツガツと食べるのではなく、貪りの気持ちを起こさないように気をつけながらいただきます。このような食事の仕方に慣れると、身心は軽く、安定してくるのです。

反対に、欲望に任せて好きな食べものを食べ続ければ、身心の健康が害されます。

食べすぎや、節操のない食事は、QOL（生活の質）を低下させ、やるべきことができなくなり、命を縮めてしまうことにもなりかねません。仏教的にいうと、貪欲《とんよく》という煩悩を伴って食べると、心を汚す悪業《あくごう》になるのです。

承認欲求

次に、他人に認められたいという欲について調べてみましょう。

人間は社会的な生きものですから、他者との関係をもつことが必要不可欠です。完全にひとりだけで、誰の助けも借りずに生きていくことは不可能です。両親が存在しなければ生まれることもできませんし、生まれた後に生き延びるためには、他者によって守り育てられることが必要不可欠です。人間の赤ん坊は、放置されたらひとりでは生きていけないのです。大人になっても、私たちは多くの人に支えられ、直接知らない社会の多くの人々にも支えられながら生きています。

しかし、他者との関わりができれば、そこでさまざまな欲望が生じます。他人に認められたい、仲間に入れてほしい、尊重されたい、称賛されたい、好かれたい、愛されたいなどの承認の欲求です。これらの欲がある程度満たされることによって、私たちの心は安定し、自尊心を保ち、生きる活力を得られます。

反対に、誰にも認められない、仲間外れにされる、尊重されない、称賛されない、好かれない、愛されない、という状況に置かれれば、私たちはとてもつらく、耐えがたく、生きる力が湧かないと感じるのです。

つまり、承認欲求から自由になることはとても難しいのです。

うつ病の激増

誰にも承認されないような状況が長期的に続くと、心のエネルギーが枯渇して、気持ちが沈み込み、生きる意味を見失い、うつ状態になりやすくなります。

近年、日本のうつ病患者は急ピッチで増え続けています。この20年で約4倍に増加しました。2020年の厚生労働省の「患者調査」によると、うつ病（感情障害）患者はおよそ170万人です。国民のおよそ1・4％がうつ病を患っているという多さです。うつ病の要因はさまざまですが、社会的な不適応や孤立によって、承認欲求が満たされていないこともその一因です。もしも周囲に認めてくれる人、仲間に入れてくれる人、理解してくれる人、愛してくれる人、尊重してくれる人がいたならば、うつ病にならずに済んでいる人もたくさんいるでしょう。

無視されるくらいなら殴られたい

個人差はありますが、承認されたいという欲望はかなり強力です。そのため、無視されるくらいだったら、嫌われてもよいから注目してほしいという人も少なくありません。なかには誹謗中傷をされたり、暴力を振るわれたとしても、孤立を恐れて、加害者との関係を断ち切ることができない人もいます。これは、自分の存在が認められない、仲間がいなくなる、無視されるということが、誹謗中傷や暴力の痛みよりも耐えがたいと感じているからなのです。それほどまでに、承認の欲求は強いのです。

SNSで承認されたい

特に近年は、インターネット上のSNSなどが手軽に承認を得られる手段になっています。ネット上であれば、物理的にどれだけ距離が離れていても、外国であっても、一瞬にして自分の活動やメッセージを伝えることができます。一昔前から考えると、驚くべき技術の進歩ですが、周知の通り、便利な反面、SNSにはマイナス面も少なくありません。

SNS上での複雑な人間関係に気を遣いすぎて、一日中SNSのことばかり気になってしまい、心が疲弊してしまう人も少なくありません。

承認されたいと思って投稿しても、思ったほど反応がないこともあるでしょう。それどころか、期待と異なる反応が返ってきたり、ひどい場合には誹謗中傷をされたり、いじめが起きたり、炎上してしまうということが頻繁に起こっています。このような望まない反応に出くわしたとき、承認の欲求が強い人ほど、心理的なダメージも大きくなります。誹謗中傷に耐えかねて、自殺してしまう人もでていますので、社会問題にもなっています。
技術革新が進んでも、世間や他人は思い通りにならないという現実は変わらないのです。

他者迎合すると尊重されない

承認欲求が強ければ強いほど、承認されないことに対する恐れが強くなります。承認されなかったときのダメージは大きくなります。その結果、他者迎合的になります。自分の意見を言ったり、自分らしくいることが難しくなってしまうのです。いつも他人の顔色をうかがい、場の空気を乱さないようにと息を潜め、承認されやすい自分を一生懸命演じ続けます。

このような態度を取り続けていると、いつも心は緊張状態で休まることがありません。ストレスが溜《た》まり、自尊心が低下し、自己肯定感も下がります。承認されないことを恐れ、他者迎合している限り、幸せでいることはできません。

自尊心が低く、自己肯定感がなく、ビクビクおどおどしている人は、支配的な人物のいじめのターゲットになりやすい傾向があります。自尊心が低い人は、不当な圧力をかけられても反撃することができないので、それを見透かされて、いつも見下され、都合がよいように扱われてしまうのです。支配欲の強い人は、やり返してこない獲物を独特の嗅覚で見分けます。承認欲求が強く、自尊心が低い人は、このような獲物としてロックオンされてしまうのです。簡単にいえば、なめられ、都合よく利用されるということです。

他人に認められたいと思って他者に過剰に合わせているのに、そうすればするほど、実は尊重されないのです。便利屋として利用されたり、支配されたり、暴力のターゲットになりやすいのです。他者迎合する人は、自分で自分自身を認め、尊重し、肯定することができていないので、皮肉なことに、そのように自分を扱う他人を引き寄せてしまうのです。

他人に認められたいと思うならば、他者に迎合するのは間違いなのです。他者に合わせるのではなく、自分を尊重し、認めてあげることからはじめるとうまくいくのです。その上で、他人も尊重して認めてあげましょう。承認されたいからといって、なめられて都合よく利用されることを受け入れてはいけません。

過剰に好かれたい対人恐怖症

承認欲求が強すぎて、誰にでも好かれようとしてしまうと、誰に会うときにも緊張し、好かれないのではないかと恐ろしくなってきます。このような恐怖感が高まると、対人恐怖症と呼ばれる状態になり、さまざまな人間関係が苦痛に満ちたものになってしまいます。対人恐怖症は、西洋の精神医学では社交不安障害（ＳＡＤ）と呼ばれていますが、日本人の若者に突出して多いので、海外の学術論文でも、Taijin Kyofu という日本語がそのまま使われることがあるくらいです。

対人恐怖症者は、他人に好かれたい、認められたいという承認欲求が強すぎて、かえって他人と関わることができなくなってしまっています。ですので、本人は非常につらい思いをするのです。私はカウンセラーとしてたくさんの対人恐怖症の若者と出会ってきましたが、その苦しみは大変なもので、耐えきれずに語りながら泣き出してしまう方も少なくありません。

みんなに好かれたい、みんなに認められたいという欲ばりな気持ちを少し弛《ゆる》めて、嫌われないだけでもありがたい、ひとりでも受け入れてくれる人がいるだけで十分だ、くらいの気持ちに切り替えることができると、かなり楽になります。

好かれなくても構わないと開き直り、ひきこもらずに、対人関係の経験を積んでいくことで、対人恐怖は治すことができます。強すぎる承認欲求に気づき、それを弛め、実際の人間関係から逃げずに経験を積むことによって、少しずつ、しかし確実に回復することができるのです。このような心理的な症状を薬で治すことはできません。

承認欲求を手放すと承認される

承認欲求が少なく、むしろ反対に、他人を認めてあげたり、助けてあげたり、何かで役立ちたいという思いが強い人は、結果として他人に承認されることが多くなります。このような人は、自分が承認されないことに対する恐れがないので、必要なときには自分の意見を言うことができますし、他者に無理に合わせることもありません。ですので、他人の前でリラックスしているので、人間関係のストレスが少ないですし、それが人間的魅力になり、近くにいる人もリラックスできるので、ますます他者に好かれ、承認されやすくなります。

承認欲求が少なく、親切な心や哀《あわ》れみの心などのよい心の持ち主は、自然と他者に好かれ、認められ、愛され、必要とされます。その結果、自尊感情も自己肯定感も育ち、幸せを感じやすく、堂々としていられます。このような人は、いじめや暴力の標的にはなりにくいのです。仮にそのような理不尽な仕打ちを受けたとしても、はっきりとＮＯと言える場合が多いのです。

ひどい仕打ちに遭ったときに、承認欲求が強い人は心が乱れ、ひどく落ち込み、絶望することが多いのに対し、親切な心が強く、承認欲求の少ない人は、ダメージは最小限で済みます。承認欲求が少なく、他者思いのよい心が大きい人は、多くの人に愛されるので、困った状況になったときに、周囲の人がすぐに察知して助けてくれる可能性も高いのです。

このように、承認欲求が強いと、かえって承認されにくく、幸せを感じにくいのに対し、承認欲求がなく、慈しみ哀れみの心がある人は、承認されやすく、幸せになりやすいのです。このような承認欲求のパラドックス（逆説）をよく知るならば、どうしたら多くの人に認められ、幸せになれるのか、知的に理解できたことになります。

知的に理解できたら、それを実践して、身につけていく必要があります。経験しながら、いろいろ工夫をして、コツをつかんでいくとよいでしょう。承認欲求に振り回されず、親切な心を育てられれば、結果的に承認されやすく、傷つきにくく、愛されやすい幸せな人になれるのです。

金銭欲と苦しみ

お金をたくさん儲《もう》けたい、というのも多くの人がもっている欲望です。生活のために必要なお金がほしいと思うことは当然のことです。世俗の人間は、お金がなければ生きていけませんし、なければ他人にも迷惑をかけてしまいます。生活費を得るために適切な仕事をして、適切な報酬を得て、適切に使うことによって、私たちは満足感を得ることができます。

しかし、安定した収入を継続的に得るというのは、それほど簡単ではありません。

1970年代の日本人は、自分は平均的な所得を得ていると思う人が9割を超え、「一億総中流」と呼ばれる意識を共有していました。この時代には、貧富の格差が少なく、終身雇用制度に守られて同じ会社で働き続けることが当たり前で、働けば働くほど収入が上がっていきました。定年後は国から年金が支給され、平穏な生活が送れると信じることができ、安心して生きていけました。

ところが、1990年代にバブル経済が崩壊し、2000年代に入ると非正規雇用が規制緩和されて激増し、みるみる所得格差が拡大しました。2020年代に入ると、非正規の労働者は全労働者の約4割にまで上昇し、もはや終身雇用制度も年金制度も信じられるものではなくなりました。「一億総中流」という意識はもはや過去の遺物となってしまいました。男一人では家計を支えることが難しいことが増え、男女平等の意識も高まり、女性も家で家事さえしていればよいというわけにもいかなくなりました。

2020年からのコロナ禍では、社会活動が停滞したため、仕事を失ったり収入が激減する人が続出しました。ポストコロナの今も、先行き不透明感が漂う経済状態に多くの人がおかれています。生活の苦しい世帯が増え、多数の人々が経済的な不安を抱えながら生活しています。

ITの技術革新は加速度的に進む一方で、日本人の経済状態は格差が拡大し、つねに変化に対応しながらお金を稼ぐことが必要とされる時代になりました。

しかし、不安定な状況のなかでも稼ぎ続けなければならないという状況におかれているということは、日本だけではなく、現代だけでもなく、お金の問題はほとんどの人間が味わう普遍的な苦しみのひとつといえるでしょう。人間社会はつねに変化がやむことがなく、経済的にも安定が難しい無常の世界なのです。

金の亡者たち

生活に必要なお金を欲しいと思うのではなく、儲けること自体が目的になり、お金に執着してしまうと、どれだけ稼いでも満足できなくなります。10万円を手に入れたら100万円が欲しくなり、100万円を手に入れたら1000万円が欲しくなり、1000万円を手に入れたら1億円が欲しくなり、1億円を手に入れたら……と際限がなくなり、どこまでいっても満足できず、数字で頭がいっぱいになり、お金に振り回されてしまうのです。

金銭欲が強まり、執着するようになると、手段を選ばずお金を手に入れようとしてしまいます。最近、恵まれた仕事をしていたにもかかわらず、ギャンブルに没頭して負け続け、膨大な額の借金を抱え、たくさんの嘘をついて周りの人を騙《だま》し、窃盗をして捕まった日本人が世界的に報道されて有名になりました。これは、十分なお金をもっていても、安定した収入を得ていても、一度金銭欲にとらわれてしまうと、あるいはギャンブルにのめり込んでしまうと、歯止めがきかなくなり、破滅の道をまっすぐに突き進んでしまうことを示す典型的な事例です。

投資詐欺に騙されて、財産を失う人も後を絶ちません。近年、投資詐欺の被害者は激増し、2023年のSNS型投資詐欺の認知件数は2千件を超え、総被害額は30億円近くに達しています。詐欺の手口が巧妙化しているとはいえ、安易にお金を儲けたいという欲に負けて、騙されやすくなってしまうのです。

また、高額報酬につられて、詐欺などの犯罪者側に回るいわゆる闇バイトに手を出してしまう若者も増えています。これも、通常ではあり得ない額の報酬が提示され、大金を手に入れたいという欲に負けて、一線を越えてしまい、犯罪者へと堕《お》ちてしまっているのです。

このような金の亡者たちの末路は実に哀れです。

行きすぎた富の偏り

お金とは、もともとは物々交換の非効率を解消するために、交換を媒介する道具として発明されたものです。道具に執着し、お金を稼ぐこと自体が目的になってしまうのは、そもそも考え方が転倒しているのです。お金を得ることが目的ではなく、お金を得て何をするかが本来は重要なはずです。

個々人の能力を生かして、社会や他人の役に立つ仕事をした報酬として、働きに応じたお金を得られる社会であれば、経済はうまく循環するのかもしれません。しかし現代の資本主義世界では、裕福な人がその資産を運用したほうが、普通に働くよりも遥《はる》かに多くの利益が上がるシステムのため、貧富の格差は異常なまでに広がってしまいました。

日経新聞によると、「世界で最も裕福な8人と、世界人口のうち経済的に恵まれていない半分に当たる36億7500万人の資産額がほぼ同じだとする報告書」が発表されたそうです（2017年1月16日）。驚くべき富の偏りです。現在も私たちは、富めるものはさらに富み、貧しい人はそこから這《は》い上がるのが非常に難しいグローバルな歪《ゆが》んだ経済システムの中に組み込まれています。ですので、富裕層以外の多数の人々は、貧困に悩まされたり、貧困に陥るのではないかという不安にとらわれるのも致し方ない状況なのです。

しかし、このような厳しい経済的状況に置かれているにもかかわらず、金銭に対する態度は人それぞれです。富裕層の中にもお金に強く執着している人もいれば、まったく執着がない人もいます。同様に、経済的に貧しい生活を送る人の中にも、お金に強く執着している人もいれば、無頓着で案外幸せに生きている人もいます。不平等な社会システムは確かに根本的に是正が必要な大問題ですが、所得や資産の多寡と、金銭欲や内面の豊かさは必ずしも連動しないのです。

お金は執着せずに大切にするもの

また、お金に執着することと、お金を大切にすることとは似ているようでかなり異なっています。お金に執着があると、お金を得たり増やすことが目的になり、心を汚し、不幸を招きかねません。

一方で、お金を大切にすることは、収入が得られることに感謝をして、手持ちのお金をできるだけ自分や他人にとって有効に使うことに心を配ることができます。お金に執着はしないけれどもお金を大切にする人は、お金を得ても心は汚れず、きれいなお金の使い方をすることができます。お金を大切にする人は、富裕層であってもなくても、手に入れたお金を用いて自分や他人を幸せにできるのです。ですから、所持金額と幸せは必ずしも連動しないのです。むしろ、お金に執着しない心の態度が、内的幸福のためにはより重要な要因となるでしょう。

このように、私たちは、金銭に対する執着をもつかどうか、お金をどのように扱うかによって、苦しみを招くことも、幸せを得ることも選択できるのです。

ブッダが勧めるお金の使い方

2500年前に、お釈迦様はお金の使い方についてお話をされています。

お釈迦様は、稼いだお金の四分の一は、自分や家族の生活のために使い、四分の一は自分が成長してより役立つ人間になるために使い、四分の一は病気や災害などがあったときのために備えて貯蓄をし、残りの四分の一はお金を必要としているふさわしいところに寄付をするとよいと教えました。

皆がこのような合理的できれいなお金の使い方をすれば、人類は共存共栄できるでしょう。しかし、今は一部の人が際限なく資産を増やし、多数の人が貧困にあえいでいます。これは人類全体の大きな課題です。

このような状況の中でも、お金との向き合い方は、個人で変えることができます。必要以上のお金を稼ぐことに執着することなく、道具としてのお金を正しく稼いで正しく使うように心がけることで、世の中全体にお金が巡り、共存共栄の世界が実現するのです。そして、個人でも、お金に執着せずに大切にすることで、心が汚されず、穏やかに生きることができるのではないかと思います。

欲望のバリエーション・チェック

これまで、多くの人にとって身近な、食欲、承認欲、金銭欲について、そのプラスとマイナスなどを分析してみました。私たちは、これ以外にも、さまざまな対象に対して欲望をもち、執着をします。

ここで、次ページ以降の136種類の欲望のリストをごらんください。欲望には反対の欲望や類似の欲望があるので、それらをセットで提示してあります。これ以外にもそれぞれ人によって異なる欲望があると思いますので、リストに追加するとよいでしょう。

相反する欲望を両方もっている場合もあります。そのようなときには、どちらに傾いても不満や不全感が残るでしょう。ある欲望があっても、時間がたつと反対の欲望が起こることもよくあります。たとえば、ずっと座っていると立ち上がりたいと思いますが、ずっと立っていると今度は座りたいと思うようになります。空腹になると食べたいと思いますが、食べて満腹になれば食べたくないと思うようになります。このように欲望は常に変動します。長い期間抱き続けている欲望もあれば、短い期間で消える欲望もあります。

皆さんはどのような欲望をもっているでしょうか。ひとつずつチェックしてみると、自分がどんな欲をもっているか自己認識できると思います。ここで大切なことは、自

本当の自分を知る欲望チェックシート

0	1	2	3	4	5	6	7	8	9	10
ない										非常にある

	評価		評価
健康でいたい		病気になりたい	
食べたい		食べたくない	
飲みたい		飲みたくない	
排泄したい		排泄したくない	
眠りたい		起きていたい	
動きたい		動きたくない	
騒ぎたい		静かにしていたい	
若くなりたい		年をとりたい	
美しい容姿になりたい		醜い容姿になりたい	
清らかな心になりたい		汚れた心になりたい	
喜びたい		悲しみたい	
楽しみたい		苦しみたい	
リラックスしたい		緊張したい	
理性的でいたい		理性を捨てたい	
幸せになりたい		不幸になりたい	
見たい		見たくない	
聞きたい		聞きたくない	
（臭いを）嗅ぎたい		嗅ぎたくない	
味わいたい		味わいたくない	
触れたい		触れたくない	

知りたい		知りたくない	
人に会いたい		ひとりになりたい	
人を応援したり援助したい		人の足を引っ張りたい	
人を喜ばせたい		人を困らせたい	
人に知らせたい		隠していたい	
人の苦しみを取り除きたい		人に苦しみを与えたい	
有名になりたい		匿名でいたい	
崇拝したい		崇拝されたい	
愛したい		愛されたい	
賢くなりたい		愚かでいたい	
他人を独占したい		他人に独占されたい	
自分を理解して欲しい		他人を理解したい	
同情されたい		同情したい	
特別扱いされたい		特別扱いしたい	
他人より優れていたい		他人と比較したくない	
よい人になりたい		悪い人になりたい	
よい人だと思われたい		悪い人だと思われたい	
身体に触れられたい		身体に触れられたくない	
抱きしめたい		抱きしめられたい	
性行為をしたい		性行為をしたくない	
モノが欲しい		モノを手放したい	
お金が欲しい		お金を手放したい	
大金持ちになりたい		貧乏になりたい	
刺激が欲しい		刺激から離れたい	

名誉が欲しい		貶められたい	
地位が欲しい		地位から解放されたい	
権力が欲しい		権力がない立場になりたい	
知識や情報を得たい		知識や情報から解放されたい	
習慣を守りたい		習慣から自由になりたい	
文化を守りたい		文化から自由になりたい	
儀式に参加したい		儀式と無縁になりたい	
宗教・哲学・思想をもちたい		宗教・哲学・思想から自由になりたい	
自分の物語を実現したい		物語から自由になりたい	
表現したい		表現したくない	
特定の世界観に浸っていたい		あらゆる世界観から自由でありたい	
他人を支配したい		他人に支配されたい	
他人が幸せになって欲しい		他人が不幸になって欲しい	
他人を憐れみたい		他人に憐れんで欲しい	
いろいろな体験をしたい		新しい体験はしたくない	
我を忘れたい		つねに明晰でいたい	
陶酔したい		陶酔したくない	
覚りを開きたい		覚りたくない	
殺したい		殺されたい	
生きていたい		死んでしまいたい	
笑いたい		泣きたい	

破壊したい		維持したい		創造したい	
成長したい		今のままでいたい		子どもに戻りたい	

↓（これ以外の自分の欲望をリストアップしてみましょう）

本当の自分を知る欲望チェックシートの使い方

対になる欲望は両方当てはまることがあります。例えば、「知りたくもあり、知りたくもない」「愛したいし、愛されたい」など……。

そこで、自己評価として3つの方法をお伝えいたします。

- **2件法**　○：ある、無印：ない
- **4件法**　◎：とてもある、○：ある、△：少しある、無印：ない
- **11件法**　0～10点で数値を記入（0点は「ない」、10点は「非常にある」）

0　1　2　3　4　5　6　7　8　9　10

ない　非常にある

分に完全に正直になることです。自分で認識できていない欲は、コントロールすることができません。見たくないと思って否認している欲には振り回されやすいのです。

また、欲には強さがありますので、詳しくチェックしたいひとは、10点満点で自己評価してみるのもよいでしょう。最高に強い執着がある場合は10点、まったくない欲望は0点などと評価するのです。時々チェックしてみると、欲望が強くなったり弱くなったり、なくなったり復活したりするなど、時間とともに変化していることにも気づくと思います。

ファーストステップはあるがままの欲望に気づくこと

欲望のリストをチェックしてみていかがでしたでしょうか。とても多くの欲があることに驚いたかもしれません。

強い欲もあれば弱い欲もあります。

軽い欲もあれば、根深く重くしつこい欲もあります。

明言できる欲もあれば、ひそかに抱いている欲もあるでしょう。

認めたくない欲や、自分でも意識できていない欲もあるでしょう。

人間の欲望は、驚くほど多様です。欲望に支配されないためには、自分がどのような欲をもっているか、自分自身に素直になってよく気づき、事実を認めることが大切です。そして、その欲がもたらす影響について、考えてみましょう。自分の欲を知ることが、欲と適切につき合うためのファーストステップなのです。

初期仏教の出家修行者は、すべての欲望に気づき、その欲を手放していく修行を行います。欲をもったまま、覚りに至ることはできないからです。しかし読者の皆さんは、そこまでしないでください。準備しないで、すべての欲を手放そうとすれば、心が壊れてしまうかもしれません。私たちは欲の塊なのです。ですので、欲がたくさん生じている、それに縛られているというあるがままの事実に気がつき、まずはよく観察するだけで十分です。

もしも欲をすべて手放そうとするならば、正しい法（ダンマ：この世の真理）を深く学び、正しい戒律を具《そな》え、正しい修行法で取り組まなければ、かえって精神のバランスを崩す危険があります。

まったく知識がなく、トレーニングもしていない人が、いきなりフルマラソンに出場したらどうなるでしょうか。とても危険ですね。心の修行もそれと同じです。

まったく知識がなく、トレーニングもしていない人が、いきなり格闘技の試合に出場したらどうなるでしょうか。一撃で倒されてしまうでしょう。心の修行もそれと同じです。

まずは自分の欲望がどうなっているのか、あるがままに気づくように努めて下さい。

決して責めずに欲を見つめよう

そして、欲がたくさんあっても、決して自分を責めないでください。責めることは何の役にも立ちません。

自分を責める人は、自分に対して自分の欲を隠そうとします。欲を隠すと、かえって欲望に支配されてしまい、心は成長しないのです。私たちは誰でも欲望まみれです。覚っていない限り、さまざまな欲や執着が心に生じていることは当然なのです。まずはそれをあるがままに認識してみましょう。そして、それぞれの欲が自分にもたらしているプラスとマイナスを中立な立場で分析できたら素晴らしいです。

しかし、執着があるときには、なかなか中立に見ることはできないでしょう。欲に引きずられた認識と分析しかできないということに気づけたら十分だと思います。自分の欲にマインドフル（よく気づくこと）であればＯＫです。

恐るべき欲望クラスター

欲がひとつもない、これからも生じることもないという人は、それがもしも本当であれば、すでに覚りに達しています。そのような人は、心に苦しみが生じることはありません。ですので、そのような方がこの本を読んでいるということはないでしょう。

ほとんどの方は、ひとつやふたつどころではなく、複数の欲望が、群れをなして発生し、お互いの欲望を強め合っています。欲望はクラスター（群れ、集団）になって、協力して強力化するのです。

たとえば、権力を得て、ちやほやされて、お金を貢がせて、自分の思い通りに他人を支配したい、などと思う人がいます。このような欲望の群れを心にもつ人は、権力者、独裁者、宗教団体の教祖などにたびたび現れますね。

このように、欲望というものは、単独ではなく、束になって欲の実現のために突き進みます。まるでひとりの人間の心の中に欲望のファミリーが住んでいるかのようです。乱暴な欲望が群れをなしている場合には、あたかもヤクザが徒党を組んで心の中に住んでいるかのような状況です。ですから、欲望のクラスターが動き出すと、その人は欲望に強く突き動かされ、支配され、ひどい悪人になってしまうのです。このように肥大化した欲望のクラスターに支配されてしまった人の末路は、哀れです。身から出た錆《さび》が、全身を覆い尽くしてしまいます。そして、周りの人にとっても大変迷惑です。罪を犯して取り返しのつかない状況になる前に、早めに欲望の芽を摘みたいものです。

欲望のクラスターが動き出すと、欲望を満たすことばかりを考えるようになるため、視野が狭くなり、現実を直視できなくなり、やるべきことをやらなくなります。その結果、信用されなくなり悪評が立ち、周囲に迷惑をかけ、社会に居場所を失い、不幸への道を突き進むことになってしまうのです。

強まるルッキズム

私は今、勤めている女子大学で教鞭《きょうべん》を執るようになって25年目なのですが、毎年、学生から熱いリアクションが続出する臨床心理学の授業があります。その授業のテーマは「コンプレックス論」です。

心理的コンプレックスとは、心的複合体と呼ばれ、特定の刺激に対して必要以上に心の動揺や興奮が複雑に生じ、客観的現実とは不釣り合いな過剰な反応をしてしまう一連の現象を指します。授業では、コンプレックスの定義、歴史、アセスメントの方法、成立の機序、治療法などを具体例をあげて解説します。この授業に対して、いつもいつも、熱いリアクションが殺到するのは、容姿に関する劣等感コンプレックスについてなのです。女子学生が、ルックスに反応する熱量の高さは本当に圧倒されるほどで、精神障害に陥るほど深刻なものも少なくありません。

見た目や容姿で人を判断する外見至上主義をルッキズムと呼びます。ルッキズムの価値観をもつ人にとって、容姿の美醜はほとんど人間の価値とイコールになっているので、決定的に重要です。

若い女性の多くが、美しい容姿でありたいと思っています。その欲望が強ければ強いほど、美しくない自分の容姿を受け入れ難くなり、容姿の話題が出るだけで動揺し、萎縮します。ましてや容姿を否定するような言葉をぶつけられると、立ち直れないほどに傷ついてしまいます。小中学生の頃に友人や家族から容姿をからかわれた経験が、大学生になっても尾を引いているという告白はとてもよく目にします。

容姿に対する劣等感コンプレックスが強くなると、自分の外見に対する異常な不安や、醜いに違いないと妄想的に思い込むようになり、人前に出られなくなるなど、身体醜形障害と呼ばれる精神的な病になることもあります。こうなると、他人が気にしすぎだと言ってもまったく耳に入らなくなります。

私のカウンセリングに訪れたある身体醜形障害の女子中学生は、面談中に手で顔を覆い続け、一度も素顔を見せることがありませんでした。写真を見ると目鼻立ちの整ったきれいな女の子なのですが、本人は醜いと頑《かたく》なに思い込んでいて、どうにもならないのです。彼女は、整形するまでは人前には出られないと言い、学校にもまったく行けなくなってしまったのです。

美しくなりたい

若者は芸能人やモデルに憧れることが多いので、ルッキズムは昭和の時代からある程度浸透していました。しかし、近年はそれがさらに過剰になっているように思われます。それは、別世界にいる美しい有名人に憧れるだけではなく、SNSで同年代の普通の子の美しい容姿の写真や動画をたくさん目にするようになり、身近な人と比べて劣等感を感じやすいことが大きな要因なのです。

美しい外見でありたいというのは、さまざまな欲望が複雑に絡んでいることがあります。まず基本は、美しい外見になれば、異性から好かれて、よい異性のパートナーを見つけやすくなるという、生物の本能的欲求です。これは性的欲求のバリエーションと考えられます。

外見を重視する人は、容姿が整うことで自分に自信がもてるので、自己満足をしたいという欲望もあるでしょう。自尊感情を満たすために美しい容姿を求めているのです。

さらに、さまざまな社会的欲求も絡んでいます。小中高校生の児童や生徒たちの間に自然発生する序列意識をスクールカーストと呼ぶことがありますが、女子の場合、外見が美しいことが一軍入りするために重要な条件になりやすいのです。男子の場合は、一軍入りするための条件が、外見以外にも、喧嘩《けんか》が強いとか、人を笑わせられるとか、コミュニケーション能力が高いとか、運動神経がよいとか、勉強ができるとか、比較的多様な特性があります。しかし、女子は外見という要因が強く大きくなりやすい傾向があります。

大学生など青年期になると、スクールカーストの呪縛は弱まりますが、容姿に自信のある女性は、ルッキズム社会のカーストを駆け上がります。色白でハーフのような端正な顔立ちをしたある女子学生は、私の授業は上の空の様子で座っており、休み時間はよく外でタバコを吸っていました。話をきいてみると、高級クラブのバイトで売れっ子になり、さまざまな芸能人、有名人、お金持ちの相手をしているそうです。弱冠20歳ですが、大学の専任教員の私よりもたくさん稼いでいるようでした。彼女はクラブの仕事に熱中し、次第に大学には来なくなり、やがて退学してしまいました。彼女ほど売れっ子ではなくても、夜の街で働いて、通常のアルバイトの数倍の給料をも

らっている女子学生はけっこういます。つまり、ルックスがよい女性は、特に水商売の仕事では高く評価され、職場内やお客さんから認められ、収入にも直結するのです。

　このように、美しくありたいという欲望は、性的欲求、承認欲求、権力欲、金銭欲、快楽欲など、さまざまな欲望と連動し、クラスターとなって働くことも多いのです。ですので、ルッキズムの欲望は、強い執着になりやすいのです。その反面、強い執着が満たされなければ、心を病むほどにコンプレックスを抱き、悩み苦しむことになるのです。

見解への執着

私たちは誰でもさまざまな見解をもっています。たとえば、「人間は死んだら終わりだ」とか、「民主主義は素晴らしい」とか、「欲望を満たすことが最高の幸せだ」……などなど。

人間は基本的に自分中心に生きているので、自分の見解が正しく、他人も同じように考えているに違いないと思いがちです。

たとえば、「人間は死んだら終わりだ」という見解をもっている人は、「人間は死んでも生まれ変わる」と考えている人に出会うと、驚いたり、あきれたり、馬鹿にしたくなったり、攻撃したくなったりします。

先日、私は受講生数が百名あまりの大学の講義で、「あなたは身体が死んだら心はどうなると思いますか?」という質問をしました。今はスマホで回答すると瞬時に結果がグラフになって投映できます。その結果は、約3割は「消えてなくなる」、約4割は「生まれ変わる(輪廻《りんね》転生)」、残りの約3割は「別の形で存在し続ける(空間を彷徨《さまよ》う、人の心の中で生きるなど)」という内訳でした。この割合は、毎年ほぼ一定ですし、日本人全体への死生観の調査結果ともおおよそ一致しています。

死後に心がどうなるかということについては、見解が割れているのですが、学生は皆自分の意見が当たり前だと思っているので、異なる見解の学生と話すことはとても刺激になるのです。

私の講義では、臨死体験の事例やその科学的検証、生まれ変わりの実証的な研究などを紹介するので、授業後には「生まれ変わると思う」「もしかしたら生まれ変わることもあるのかもしれない」という学生が増えます。それでも変わらずに「消えてなくなる」と考え続ける学生もいますし、「臨死体験など信じられない」「嘘の研究に違いない」と反発する学生もいます。

私たちはさまざまな見解をもっていますが、それはしばしば周りに同調して自然に刷り込まれただけだったり、なんとなくそう思っているだけで、よく考えた末の見解ではないことも多いです。意識にのぼることすらない、無意識に抱いている見解もたくさんあります。ですので、さまざまな角度からの情報を得たり、意識的に理性的に考えることによって見解は変えることができますし、それは望ましいことです。

ところが、根拠がなくても、見解に執着していることも少なくありません。そうすると、見解の相違が他者との対立のもとになったり、社会との軋轢《あつれき》となる場合があるので注意が必要です。

邪見は危険

危険な誤った信念は、さまざまな領域にあります。

宗教、カルト、スピリチュアル、占い、言い伝え、社会通念、常識、教科書、科学、学問、報道、ネット情報、噂《うわさ》、陰謀論、オカルト、個人の思い込みなどです。これらがすべて誤っているというのではもちろんありません。しかし、これらの中には誤った見解が含まれている場合がしばしばあることは事実です。

仏教では、誤った見解のことを邪見といいますが、邪見を信じ込んでいると、努力をしても、修行をしても、間違った方向に進んでしまうので、決してよい結果にはなりません。真面目で努力家であっても、カルト宗教にマインドコントロールされてしまえば、最後には犯罪者となったり、人生を台無しにしてしまうのはそのためです。

どんなに努力をしても、かえって悲惨な結果が待ち構えています。

簡単に見解を信じるな

そこまでひどいものでなくても、危険な見解に執着している場合があります。
たとえば次のような見解をもっていないでしょうか。

よい大学に入ったら必ず幸せになれる
よい会社に就職したら必ず幸せになれる
結婚したら必ず幸せになれる
お金持ちになったら必ず幸せになれる
欲望を満たせば最高に幸せになれる
世の中は悪人だらけなので信用したら必ず裏切られる
世の中は善人だらけなので信頼さえすればうまくいく
私が愛されたことは一度もない

私が愛されることはない
私はすべての人に嫌われている
親ガチャに外れたから不幸だ
私はきっとがんになるだろう
人生はあらかじめすべて決まっているので努力は無駄だ
弱者は死んで当然だ
私が間違いを犯すことはない
私は間違いを犯してはならない
死んだら誰でも苦しみのない天国に行ける
苦行をすれば覚りが開ける
すべては相対的なので絶対的な真理など存在しない
科学で証明されていることだけが正しい
科学者の言うことはつねに正しい（原発、環境、薬物……）
すべては闇の勢力に支配されている

これらは疑う余地が十分にあり、これらの見解に感情的に固執すれば、しばしば問題が生じます。

邪見をもっている人は、間違った道を歩き続けているようなものです。決して目的地には到達できないのです。やっかいなことに、見解への執着はなかなか自分では気づきにくく、執着があると見解の訂正が困難になるので、問題は長期にわたることが多いのです。

自分の見解や信念を客観的に検証することが大切です。多くの人が言っているから正しいとは限りません。教科書に書いてあるから正しいとは限りません。立派な人、権威ある人、有名な人、科学者や大学教授が言っているから正しいとは限りません。専門家がいつも正しいわけではありません。政府やマスコミが言うことが正しいとは限りません。

わからないことはわからないままにしておくことが大切です。いろいろ調べた上で、これは確かそうだ、これは怪しげだ、というように信憑性の度合いを見積もるとよいのです。簡単に信じすぎず、白か黒に単純化せず、よく調べ、考え、検証することで、邪見の罠《わな》にかかることを回避することができます。特に情報過多の現代では、検証能力やリテラシーを発達させないと、間違った見解に陥ったり、知らないうちにマインドコントロールされてしまう危険性が高いのです。

ちなみに、お釈迦様は、ご自分の話ですら、簡単に信じるなとおっしゃいました。自分でよく考え、よく検証して、間違っているとわかったらどんな考えでも捨てるようにとおっしゃいました。信じただけで救われると教える宗教と、お釈迦様の教えはまったく異なるのです。仏教は、宗教というよりは、実験と検証によって真理を自ら覚《さと》るための教えです。お釈迦様の教えは、事実をあるがままに認識し、苦しみの原因を知り、その原因を取り除くための具体的で実践的な道（＝仏道）なのです。

生存欲と死の苦しみ

生命というものは、基本的に「生きていたい」と願っています。自分の命を守り、生き続けようという欲は、ＤＮＡに刻み込まれた生得的な本能です。生存欲があるので、命が脅かされそうな危険を察知すると、恐怖の感情が発動し、なんとか死を回避しようとします。たとえば、草食動物が肉食動物に襲われそうになると、ものすごいスピードで走って逃げることができます。人間でも、火事場に出くわして死の危険が迫ると、とてつもない馬鹿力が出て逃げられたりします。自動的にアドレナリンなどのホルモンが分泌され、危険に対して身体を戦闘モードに切り替えて、なんとか命を守ろうとするのです。

これほどまでに、「生きていたい」と願っているにもかかわらず、残酷なことですが、生命には寿命があり、永遠に生き続けることはできません。寿命を迎えられればよいほうで、病気、事件、事故、災害などによって、若くして死んでしまうことも少なくありません。しかも、いつどのように死ぬかもわからないので、予定を立てて準備することも簡単ではありません。私たちは全員、いつ刑が執行されるか知らされていない囚人のようなものなのです。

私たち生命は、生きたいと強く願っているにもかかわらず、いつかは死を迎えなければならないという残酷な宿命を背負っています。老病死は免れないのです。ですので、生きたいと願えば願うほど、死は耐えがたい苦しみとなります。

死の瞑想

生存欲はあまりにも強いので、私たちは自分が死ぬという事実を否認しがちです。他人が死ぬのは当たり前でも、自分は死なないような妄想を抱きがちなのです。自分が死ぬということは、生存欲にとって都合が悪いので、直視することが難しいのです。

このように、欲望は認識を歪めて事実を覆い隠します。しかし自分が死ぬということを否認すればするほど、死はより恐ろしくなり、受け入れ難くなり、死の苦痛がかえって増してしまいます。

ですので、自分もいつか死ぬという当たり前の事実をいつも心に留めて、一瞬一瞬を大切に生きることが大切なのだろうと思います。仏教には自分の死をありありと思い描く死の瞑想というものがあります。意識的に死の瞑想を行うことによって、自分が死ぬことを受け入れやすくなると思います。

私は何百回も死の瞑想を行いました。これは、いわば死の予行演習です。意識的に死の瞑想を行うことによって、自分が死ぬことを受け入れやすくなると思います。

私は一度死にかかったことがありますが、そのときは気を失うほどの激痛があったにもかかわらず、案外落ち着いて瞑想状態でいることができたので、瞑想は役に立ったと感じています。そして、死の瞑想を行うことによって、今日1日を感謝して、より大切に生きられるようになったと感じています。

死を忘れずに、今日が人生最後の1日であるかもしれないと思って生きられたら、よりよい人生になるのではないでしょうか。

死の欲望と安楽死・尊厳死

生存欲は生まれつきの強力な欲望ですが、苦しみがあまりにも大きい場合には、反対に「死にたい」という思いになることも珍しくありません。不快感や苦痛が大きくなれば、死ぬことによって解放されると考えるからです。死によって本当にすべての苦痛を終わらせられるのかは疑問の余地がありますが、身体的な苦痛は死によって終わらせることができるでしょう。

医学的に治る見込みがなく、耐え難い身体的苦痛や末期の病気に苦しむ人が、死を切実に望んだときに、医療の介入によって死を迎えさせることを安楽死といいます。安楽死には法的、倫理的な課題が多く、日本ではまだ認められていませんが、死ぬほどの苦しみを抱えていて、安楽死が認められている国に渡航される方がいらっしゃるのが現実ですので、早急な議論や法整備が必要でしょう。

一方で、人工呼吸器、経管栄養、心肺蘇生《そせい》術などの延命治療を希望せず、人間としての尊厳を保った状態で自然な死（尊厳死）を迎えたいという人も増えてきています。苦痛や苦しみを和らげるための医療行為や緩和ケアなどを受けながら、自分らしく死にたいという希望はできるだけ叶《かな》えてあげたいものです。このような尊厳死は、日本でもある程度実現可能な施設が増えてきています。

死の欲望をめぐる厳しい現実

これまでの人生のなかで、本気で自殺したいと考えたことはありますか？　2021年に日本財団が行った自殺意識調査には、このような質問項目が含まれていました。この問いに、「ある」と回答した人は、15～19歳と30代では32％、20代では31％でした。若い世代ではおよそ3人に1人が真剣に自殺を考えた経験をもっているということです。全年代ではおよそ4人に1人が死のうと真剣に考えたことがあると回答しています。

私も、カウンセリングの場面で死にたいという訴えは数え切れないほど聞かせていただきました。私が担当している講義やゼミを履修している大学生からも、「死にたい」「死にたいと思っていた」という声やレポートに触れることは、それほど珍しくありません。

「死にたい」と他者に訴えるということは、「死にたいほど苦しい」という叫びであるように思います。つまり、本当は生きたいのです。自殺はしなくても、自殺を企てたり、リストカットなどの自傷行為をする人は非常にたくさんいます。腕にたくさんの傷をつけている学生は決して珍しくありません。このような人は、生存欲と死の欲望が心の中でせめぎ合っている状態だと思われます。

しかし、死の欲望が生存欲を上回ったとき、一部の方は実際に命を絶ってしまいます。世界保健機関（WHO）のデータによれば、日本の2020年の自殺死亡率（人口10万人あたりの自殺者数）は16・4人で、G7のなかで最悪の数字です。一時期よりは自殺者数は減っていますが、依然として自殺大国であることに変わりはありません。

さらに懸念されるのは、若い世代（10歳〜39歳まで）の死因の第1位が「自殺」であることです（厚労省の令和5年版自殺対策白書）。特に15歳〜29歳のすべての年齢階級では、死因の半数以上が「自殺」という異常な状態です。

生きているとつらいことはいろいろありますから、死にたいと思う時期があること自体は不思議とは思いません。しかし、これだけ効率的で娯楽も多い便利な世の中になりながら、生きづらい、死んでしまいたいと思う人が多く、実際に自殺してしまう人が後を絶たない社会には問題があります。

死にたいと思わなくて済むような人間関係や社会の実現と、死にたいと思ったときに安心して相談できる体制の充実が望まれています。

死にたいと思う人も、死の欲望や衝動に流されて、自殺に走らずに、忍耐しすぎたり、無理をしすぎずに、つらい状況から退避して休んだり、適切な人に援助を求めることも大切なことだと思います。

欲望の法則

あらゆる欲望は、はじめは小さく弱いものであっても、それを満たしているうちに、大きく強いものに成長していくことがあります。

たとえば、小さなお皿に、クッキーが2枚のせられていたとします。そうすると、2枚を食べ終わったら、それ以上クッキーがないので、そこで終わりになります。しかし、クッキーがたくさん入った袋に手を入れて直接食べていると、知らないうちにもう1枚、もう1枚と食べ続け、気がついたら一袋を平らげてしまうかもしれません。さらに、スーパーやコンビニに行って、もう一袋買ってしまい、同じことを繰り返すかもしれません。

このように、ひとつ手に入れるともうひとつ、そしてもうひとつ、というように、欲望は満たすとさらに大きく強くなるという特徴があります。気がついたら、クッキーに依存し、マイルドドラッグとも呼ばれる砂糖への依存症になっている可能性があります。そうすると、暇さえあれば、甘いものに手を出すようになり、簡単にやめられなくなります。それが長期間続いて習慣化すれば、肥満、糖尿病、うつ病などになるリスクが高まります。

一方で、クッキーをほとんど食べない人が、一週間クッキーを食べないことは、簡単なことです。その行動をしないことに特に努力も忍耐も必要としないのです。欲望に支配されないもっとも賢い方法は、はじめから手を出さないことなのです。

今は、スマートフォンがないと、とても困る人が多いと思います。それは毎日使っているからなのです。2007年までは、現在のようなスマートフォンを持っている人はいませんでした。ですので、2007年以前は、当たり前ですが、「スマホがなくて困る」ということはなかったのです。スマホがない時代のほうが貧しかったわけではありません。なければないで、まったく問題なく生きていけるのです。スマホが普及した今は、多くの人がスマホ依存になり、スマホがないと落ち着かなくなってしまうのです。

東京都医学総合研究所や国立精神・神経医療研究センターなどは、東京都内に住む3000人余りの青少年のインターネットの利用状況と精神疾患の関連性を追跡調査しました。2024年に発表された論文によると、長時間のスマホ利用など、不適切にインターネットを使用している青少年は、精神病体験、うつ病、ひきこもりになるリスクが長期的に高まっていることが明らかになりました。スマホ依存やネット依存は、勉強や仕事を疎《おろそ》かにするだけではなく、精神的健康も蝕むことが実証されているのです。

このようなことから、次のような欲望の法則があることに気づきます。

一、貪欲を満たさないことによる満足

必要以上の欲は、満たさないでいると、満たさないままで満足していられる

二、貪欲を満たすことによる際限ない強化

必要以上の欲を貪り、繰り返し満たすと、もっともっと欲しいと強化される

三、貪欲と苦痛の関係性

欲（執着）があると、満たされないときや得たものを失うときに苦痛を感じる

欲（執着）がなければ、心はスッキリとしていて、苦痛に悩まされない

四、貪欲による不健康と成長の機会損失

強化された欲（執着）にとらわれると、対象に依存してやるべきことができなくな

り、視野が狭められ、成長の機会を失い、精神的健康が蝕まれる

この法則を知ると、どのように欲とつき合うべきかの戦略が立てられるのです。必要以上の欲は、あまり満たさないほうが、心は健康が保たれ、平穏で満足を感じやすいのです。

ただし、必要不可欠な欲はこの限りではありません。たとえば、「水を飲みたい」という生きるために必要な欲は、満たさなければもっともっと強くなります。水を飲まなければ、死んでしまうからです。これは生存に必要な欲なので、満たしてあげなければいけません。このような欲は満たしてあげれば、それで終わります。生きるために必要性のない欲は、欲望の法則二の通り満たすほどに大きくなり、法則三の通り、貪欲には苦しみが影のようにつきまとうのです。

やる気を出させる神経伝達物質

甘いクッキーを食べて幸せを感じているとき、脳の中ではドーパミンという神経伝

達物質が分泌されています。甘いものを食べたときだけではなく、快楽を感じたときや、欲望が満たされたときにもドーパミンが分泌されているといわれています。勉強や仕事をがんばってやり遂げた達成感を感じているときや、人に誉《ほ》められて承認欲求を感じたとき、新しいことを学んだり体験して満足しているとき、楽しいことを想像して喜びを感じているとき、スマホで好きなゲームを楽しんでいるときにも、ドーパミンが分泌されているようです。このようなことから、ドーパミンは喜びや満足と関連が深い物質だと考えられています。

脳内にドーパミンが分泌されると、「もっともっと」とやる気が湧いてきて、行動の動機づけがなされるので、ドーパミンは「やる気ホルモン」とも呼ばれます。勉強や仕事に打ち込んで充実しているときや、困難な課題を乗り越えるために集中しているときには、脳内でドーパミンが放出されているようなのです。

ドーパミン依存症

しかし、ドーパミンはいつもよい結果をもたらすものではありません。ドーパミンの作用は比較的短時間で終わりますので、すぐにまたドーパミンが欲しくなるのです。クッキーを食べてドーパミンが放出され、かりそめの幸せを味わっても、しばらくするとそれは消えてしまいます。そうすると、もうひとつのクッキーに手が伸びてしまうのです。これを繰り返すと、ドーパミンの分泌、生滅、また分泌の刺激を求めるサイクルが習慣化し、快楽を求め続ける依存症になってしまいます。クッキー依存症は、砂糖依存症でもありますが、脳内を注目して見るならば、ドーパミン依存症でもあるのです。

インターネットのコンテンツやスマホのアプリは、お手軽にドーパミンの分泌を促してくれるように意図的につくられています。少しでも利用してもらい、少しでもたくさん閲覧してもらうことで、利益になるからです。ですので無防備にスマホなどの端末をいじっていると、アプリやコンテンツ提供者の戦略通り、ドーパミンが分泌され、ドーパミン依存になり、やめられなくなってしまうのです。つまり、麻薬に依存するのと同じように、脳内のドーパミンに依存してしまうのです。

ドーパミン依存者をたくさんつくることができる人は、たくさんの利益を上げられるので、資本主義社会の勝者なのかもしれません。しかし人々の健康よりも、金銭的利益を優先する考え方自体が、金銭欲に汚染されてしまっています。

統合失調症の患者が妄想にとらわれているときは、とてもエネルギッシュな状態になりますが、このとき脳内ではドーパミンが過剰に分泌されていると考えられています。ドーパミンは現実と妄想を区別しません。妄想状態はもちろん病的な状態ですから、統合失調症の患者さんには、ドーパミンを遮断する作用をもつ抗精神病薬が処方されることが多いのです。

躁《そう》状態と鬱《うつ》状態を繰り返す躁鬱病（双極性障害）患者は、ドーパミンの分泌が不均衡になっていると考えられています。ドーパミンが過剰に分泌されると、躁状態になり、根拠のない万能感をもち、非現実的なポジティブ思考になり、常識外れの行動をして、失敗を繰り返してしまいます。

覚醒剤は、ドーパミンの働きを強める薬です。ですので、一度手を出したら一生治らないといわれる覚醒剤依存症は、実はドーパミン依存症でもあるのです。ですので、覚醒剤によって得られるとてつもない快楽は、統合失調症者の妄想状態や、躁鬱病患者の躁状態と共通した現象が脳内で起きているのです。エピキュリアン（快楽主義者）は、ドーパミンが分泌されることを貪欲に求めているのです。

反対にドーパミンが不足すると、喜びが感じられず、非現実的なネガティブ思考になり、やる気も気力もないうつ状態に陥ります。うつ病の場合は、ドーパミン不足に加えて、セロトニンやノルアドレナリンという神経伝達物質の不調和も同時に起きていると考えられています。

殺人鬼が人を殺したときや、詐欺師が人をうまく騙せた瞬間には、ドーパミンが分泌されて喜びや達成感を感じていると考えられます。

このように、ドーパミンは悪い方向に進む推進力にもなり得るのです。

ドーパミン自体はよいものでも悪いものでもありません。善でも悪でも、エネルギーを出して動機づける働きをもっているのです。ドーパミンが過剰に分泌されれば、妄想を抱いたり、衝動的行動につながる場合があるのです。

何かに欲ばって、対象に執着しているときには、脳内ではドーパミン依存症になっているのかもしれません。ドーパミンの快楽に操られるのではなく、ドーパミンの作用を建設的な方向に向けてうまく使いこなす賢い心を育てる必要があるのです。

怒りや悲しみの原因

お気に入りの袋詰めのクッキーを買いに行ったのに、スーパーで売り切れていたら、残念に思うでしょう。クッキー依存症になっている人ならば、売り切れを放置しているスーパーに苦情を言いたくなるかもしれません。欲望は満たされないと怒りになるのです。満たされるとそれが当然となり、さらに強い欲へとエスカレートしていく傾向があります。もっと美味しいお菓子はないのかと探し回るのです。

達成されるのが当たり前と思っていた欲が、満たされない状況になると、失望や怒りが生じます。欲望が強ければ強いほど、それが満たされないときに、強い怒りや悲しみになります。欲望が弱く、とらわれていなければ、それが満たされなかったとしても、強い失望や怒りが生じることはありません。怒りが生じたとしても、短時間で消えていくでしょう。怒りや悲しみの原因は、スーパーのように自分の外側にあるように見えるのですが、一番の原因は自分の中にある執着なのです。

郵 便 は が き

料金受取人払郵便

牛込局承認

9092

差出有効期限
令和7年6月
30日まで

1 6 2-8 7 9 0

東京都新宿区揚場町2-18
白宝ビル7F

フォレスト出版株式会社
愛読者カード係

フリガナ お名前	年齢　　　　歳 性別（ 男・女 ）
ご住所 〒 ☎ （　　　） FAX （　　　）	
ご職業	役職
ご勤務先または学校名	
Eメールアドレス メールによる新刊案内をお送り致します。ご希望されない場合は空欄のままで結構です。	

フォレスト出版　愛読者カード

ご購読ありがとうございます。今後の出版物の資料とさせていただきますので、下記の設問にお答えください。ご協力をお願い申し上げます。

●ご購入図書名　「　　　　　　　　　　　　　　　　　　　　」

●お買い上げ書店名「　　　　　　　　　　　　　　　　　　」書店

●お買い求めの動機は?

1. 著者が好きだから　　2. タイトルが気に入って
3. 装丁がよかったから　　4. 人にすすめられて
5. 新聞・雑誌の広告で（掲載誌誌名　　　　　　　　　　）
6. その他（　　　　　　　　　　　　　　　　　　　　　）

●ご購読されている新聞・雑誌・Webサイトは?

（　　　　　　　　　　　　　　　　　　　　　　　　　　）

●よく利用するSNSは?（複数回答可）

□ Facebook　□ X（旧Twitter）　□ LINE　□ その他（　　　　　　）

●お読みになりたい著者、テーマ等を具体的にお聞かせください。

（　　　　　　　　　　　　　　　　　　　　　　　　　　）

●本書についてのご意見・ご感想をお聞かせください。

●ご意見・ご感想をWebサイト・広告等に掲載させていただいてもよろしいでしょうか?

□ YES　　□ NO　　□ 匿名であればYES

カスハラを引き起こす欲

飲食店に入ると、店員がグラスに入ったお水をもってきてくれることが多いですね。喉が渇いているときには、お水はとても美味しく感じ、ありがたいと思います。ところが、飲食店に入って、席に座ったのに、お水が出されないことがあります。喉が渇いているときには、お水が欲しいなあと思うでしょう。そのようなとき、あなたはどうしますか?

店員が注文を取りに来るのを待って、そのときに「お水をいただけないでしょうか」とお願いするでしょうか。あるいは、水が出てこないことに腹を立て、店員を呼び出して、「水が出てこないんですが」と怒った顔をして苦情を言うでしょうか。

後者の人は、水が飲みたいという欲望が満たされない状況で、腹を立ててしまいました。怒りが生じた背景には、別の欲望が絡んでいる可能性があります。客なのだから水を出すというサービスをしてほしいとか、客として尊重してほしいなどという欲が生じているのかもしれません。それらが絡み合って欲望のクラスターが満たされなかったので、ひどく腹を立て、尖《とが》った態度と言葉で苦情を言ってしまったのかもしれません。

もしかしたら、職場や家庭で尊重されていないという不満を抱いていて、自分はお店のお客としても尊重されないのかと感じて、怒りが爆発してしまったのかもしれません。こうなると、単なる喉の渇きが満たされなかったということだけではなく、承認欲求や尊重の欲求がクラスターとなり、強化されていたために、被害者的な悲しみや怒りが生じ、単に水が出てこなかっただけで激怒してしまうのかもしれません。悪質なカスハラ（カスタマーハラスメント）をする人には、しばしばこのように絡み合った複合的な欲望が働いています。

このように、心の中に欲があると、それが満たされなかったときに、悲しみや怒りを引き起こす原因となります。仏教的にいうと、貪欲《とんよく》があると、さらにやっかいな瞋《しん》恚《に》という怒りの煩悩を生み出してしまうのです。

欲は現実を見えなくする

お水が出てこなかったのは、もしかしたらセルフサービスのお店だったのかもしれません。あるいは他の接客や配膳に忙しくて店員が新しい客が入ってきたことに気づけなかったのかもしれません。海外であれば、お水は有料で注文しなければ出てこない飲食店もあります。いずれにしても飲食店が無料で水をもってくるのはサービスであり、おもてなしとして出してくれることなので、やってもらって当然ということではないのです。ですので、お水が出てこないことに腹を立てて苦情を言うのは、迷惑行為といえるかもしれません。無料でわざわざお水をもってきてくれたなら、それはありがたいことであり、何も出てこないのが普通であると思っていれば、腹は立たないでしょう。

欲にとらわれてしまうと、このような状況を客観的に理解することができなくなります。自分の欲が満たされるかどうかばかりに意識が狭められ、自分中心のものの見方をするようになってしまうのです。「水が出てこないとはけしからん」「店員の教育がなっていない」「客を尊重しろ」という怒りの感情に支配されてしまうのです。

このように、欲望は、視野を狭め、自己中心的な認識や思考を生じさせ、それに基づいた感情を生み出すようになります。現実認識ができなくなるのです。

恋愛感情を抱くと、相手に執着し、現実が見えなくなることがよくあります。自分が愛着をもった相手に悪いところがあり、それが傍《はた》から見ると明らかであっても、愛着があると見えなくなってしまうのです。痘痕《あばた》も靨《えくぼ》という状態になるのです。

疑似恋愛の対象として、アイドルやアニメなどに埋没し、いわゆる「推し活」に励む若者も多くいます。「推し活」は、つらい現実を忘れ、一時的に退避する効果があり、そこで心の活力を取り戻すことができるので、アイドルやアニメは多くの若者の心の救いになっています。しかし、非現実的な世界にのみ生きていても幸せであり続けることはできませんし、疑似体験なので心はあまり成長しないように思われます。

多くの人は、欲望をもつことのデメリットが理解できず、欲望を否定されると腹を立てます。「欲がなかったら人間的でない」「欲がなくなったら楽しみがなくなる」などと考えて、欲望を肯定します。しかし、それは欲望がもたらす負の側面に気づいていないということなのです。

愛欲に溺れて国を滅ぼす

国や組織のリーダーが愛人のことばかりに心を奪われ、やるべき対応が疎かになることがあります。こうなると、リーダーは現状を把握する能力が落ち、とるべき対応が鈍くなり、あるいは無策となり、組織は衰退していきます。こんなことで国が滅びることもあり得るのです。

ローマの将軍マルクス・アントニウスは、絶世の美女として名高い古代エジプトのファラオ（女王）であったクレオパトラ7世に魅惑され、すぐに愛人関係に発展し、クレオパトラの宮殿でともに過ごし、三人の子どもをもうけました。このことが、アントニウスがローマを裏切り、エジプト側に寝返ったとみなされることとなり、ローマ軍に侵攻され、二人は自殺に追い込まれました。その結果、エジプト王国は滅亡してしまったのです。美女クレオパトラへの愛欲が、エジプト王国の滅亡につながったのです。

日本の平安時代末期、武将の平清盛は、舞や歌を披露する女性芸能者（白拍子《しらびょうし》）

の祇王《ぎおう》を寵愛し、愛人として屋敷に住まわせていました。ところが、仏御前《ほとけごぜん》という若くて美しい白拍子に出会うと、平清盛は心を奪われ、すぐに彼女を寵愛するようになります。このため、祇王は清盛の屋敷から追われることになり、一夜にして失脚し、絶望して仏門に入りました。このような色恋沙汰が平家への不信感を募らせ、対立や腐敗を引き起こしました。こうして平家が内部から揺らいでいき、源平合戦へと繋がり、最終的に、壇ノ浦の戦いで平家は壊滅、滅亡しました。

これらの例は、英雄や権力者が恋愛や情欲に溺れた結果として、彼ら自身の運命だけでなく、国家や組織の運命にも大きな影響を与えた事例として語り継がれています。

このような愛欲が引き金となった腐敗や滅亡は、歴史上のリーダーだけではなく、さまざまな組織で起きています。

たとえ愛人のことが周囲に知られていなくても、愛欲に溺れていると指導者としての能力が落ちるので、部下の心は離れ、組織はバラバラになり、弱体化します。不倫であれば、なおさら、腐敗した空気を多くの人が感じ取るでしょう。

道を外れた欲に心が支配されている人は、うまく隠していても、暗い影がつきまとうものです。直感的に影を感じ取る人がいるものです。こうして、リーダーが愛欲に溺れると、求心力は落ち、信用されなくなり、人望がなくなるという現象が起きます。

リーダーが人望を失うと、内部対立が起きて自己崩壊するか、組織が弱まってライバルや敵に簡単に打ち負かされてしまうでしょう。プライベートな愛欲であっても、そこに溺れてしまえば、広範囲に悪影響が及び、大きな組織や国までもが滅亡してしまうことさえあるのです。

欲にとらわれていると、周りの状況が見えなくなり、他人のアドバイスが耳に入らなくなります。むしろ正しいアドバイスであるほど気に障るようになり、耳の痛いことを言う人を遠ざけ、忠告に対して激怒するようになります。このようにして、裸の王様は孤立します。欲に溺れていると、大切な人間関係を壊してしまうのです。本当に心配したり思いやりから正しいアドバイスをしてくれる人を裏切ってしまいます。

一度壊れた信頼関係を完全に元通りにすることは困難です。後で後悔しても、もはや後の祭りなのです。

親しい人々を苦しめ続けるギャンブル依存症

このように、欲ばると大切な人間関係、集団、組織など、大切なものを失います。

別の例を考えてみましょう。2019年の日本医療研究開発機構の全国調査によると、ギャンブル依存症の日本人は人口比で3・6%にのぼり、欧米諸国と比べても突出して多い数字です。日本の成人人口にこの割合をあてはめると、およそ375万人がギャンブル依存症と推定されます。

私のカウンセリング経験でも、ギャンブル依存症者のご家族の方で印象に残っている女性がいます。彼女は、夫がパチンコで生活費をすってしまうので、家計を支えるために昼はパート、夜は水商売の仕事をしていました。しかし、給料が振り込まれると、あっという間に夫のギャンブル資金になってしまい、働いても働いても借金が減りません。ギャンブルをしないように夫に伝えても、はぐらかされたり、いつでもやめられると言いながら絶対にやめません。むしろ、次は必ず勝って借金を返そうと意気込んでいるようなのです。彼女は過労と絶望感により、重篤な精神症状を呈して相談に来られたのです。

　このように、アドバイスに耳を貸さず、いつでもやめられるとかやっていないとか嘘をつきながら、雪だるま式に借金を増やし、家族や知人を巻き込んで破滅するギャンブラーは日本にはたくさんいます。ギャンブルの欲に取り憑《つ》かれた人は、他人を裏切り、身内を不幸にし、経済的に破綻し、職場での信用も失い、すべての大切なものを失います。それに本当に気づくのは、多くの場合、逮捕された後や、刑務所に入ってからなのかもしれません。あまりにも遅すぎるのですが、出所後に再びギャンブルに手を出してしまう人も少なくありません。

　ギャンブル依存症は脳の病気だから、本人には責任がないという論調もありますが、私は違和感を感じています。確かに、ギャンブルによって脳の快楽報酬系が活性化し、ドーパミンなどの快楽物質が脳内に分泌されていると推定されます。しかし、脳の病気が原因だから本人に責任がないのだとしたら、あらゆる犯罪行為は脳が関わっていますから、責任は一切問えないことになってしまいます。脳に快楽物質を出すような行為を行い、欲望に満ちあふれた興奮状態の脳の指令に従ったのは本人の判断ですから、責任は本人にあると思われます。

はた迷惑で大きな代償を支払う痴漢

もうひとつ、別の例を考えてみます。

警察庁によると、2023年に電車内などでの痴漢行為による検挙件数は2254件にのぼります。痴漢行為をすれば、相手に大変な迷惑をかけます。痴漢の被害者は、そのときに不快を感じるのはもちろんですが、その後も恥ずかしい思いや屈辱感を覚えることが多く、自尊感情が損なわれます。ショックを受けてそれ以降電車に乗るのが恐ろしくなる人もいます。痴漢をされた経験が心に深い傷を残し、PTSD（心的外傷後ストレス障害）を引き起こすこともあります。被害を受けたことを周囲に話せず、孤独を感じることもあります。痴漢をする人は、自分の欲望に囚われているので、このような被害者の苦しみを理解することができないのです。

痴漢行為は、被害者を傷つけるだけではなく、自分自身も大きなダメージを受けます。行為が発覚すれば、迷惑防止条例違反で逮捕され、罰金刑や懲役刑が科される可能性があります。それだけではなく、勤め先から解雇されたり、学生であれば退学処分になるなど、社会的信用を失い、経済的にも大きな打撃を受けるでしょう。

理性的に考えれば、痴漢行為は迷惑行為であり、一瞬の身勝手な快楽の代償として、相手も自分も大きなダメージを受けることが明白なのです。にもかかわらず、200件を超える痴漢行為が検挙され、実際には捕まっていない犯行も多数あることを考えると、実に多くの人が、欲望に負けて、理性が利かなくなり、相手の気持ちを考えることもなく、自己中心的な迷惑行為を実行してしまっているのです。

このように、欲に支配されている人は、理性を失い、他者を思いやることもできなくなり、自分の欲望を満たすこと以外のことは何も考えられなくなってしまうのです。その結果、自分もひどい状況に追いやられるのですが、まさに自業自得なのです。

このように、欲は人を愚かにするのです。愚かになれば、生活がうまくいかなくなり、人から信頼を得ることができなくなり、成長することもできなくなり、幸せではなくなります。欲を満たしたいという思いで短絡的に行動すると、長い間不幸せになってしまうのです。このような欲の性質をよく理解することが大切です。

生命の大量殺戮《ジェノサイド》

1章の最後に、私たちの欲望がもたらしている深刻な現実について考えてみたいと思います。

皆さんは、地球上にはどれくらいの種類の生物がいるかご存知でしょうか。未発見のものや未登録の生物種を含めると、約870万種が存在していると推定されています（国連環境計画UNEP、2011年）。

これほどまでに地球は多種多様な生物種が共存している星なのですが、現在は地球の歴史のなかで第六回目の大量絶滅期に入っています。生命の絶滅とは、特定の種が永久に消滅することを意味します。

山形大学環境保全センターのウェブサイト（https://www.id.yamagata-u.ac.jp/EPC/13mondai/17syu/syu.html　2024年7月7日閲覧）によると、1000年前までは、絶滅する生物は1万年の間に一種類というペースでした。ところが、100年前になると、1年間に1種の生物が絶滅するようになりました。1万年の間に約

1万倍のスピードで生命が絶滅するようになりました。

そして現在は、信じがたい数値なのですが、1年間に4万種もの生物が絶滅していきます。1日におよそ百種の生き物が地球上から消滅している計算になります。この100年間で絶滅のスピードは約4万倍に加速してしまいました。

日本ではニホンオオカミ、ニホンカワウソ、エゾオオカミ、ハシブトガラス、リュウキュウイノシシなどはすでに絶滅したとされており、これからも多数の生物種の絶滅が危惧されています。

今起きている大量絶滅の原因は、隕石の衝突や火山の噴火などの自然現象ではありません。明らかに人間の活動によるものです。具体的には、過剰な狩猟や漁業などによる乱獲、森林伐採や都市化などによる生息域の破壊、人間が移動させた外来種の侵入による生態系の破壊、化学物質やプラスチックの廃棄などによる環境汚染、温暖化ガスなどによる気候変動などの要因が、複合的に重なり合い、生物の大量絶滅を引き起こしていると考えられています。

今、現実に起きているこの異常な大絶滅は、人間が引き起こしていることですから、大量殺戮《ジェノサイド》といっても過言ではありません。人類のとどまることを知らない「今だけ、金だけ、自分だけ」の自己中心的な欲望が、そして生物への慈しみと感謝の欠如が、生物圏を日々破壊し続け、多くの生物種を永遠に消し去っているのです。

絶滅する生物たちは、どれほどの苦しみを味わっているでしょうか。そのことを考えてみたことがあるでしょうか。ギャンブル依存者が周囲の人の苦しみを理解できなかったり、痴漢の犯罪者が被害者の苦しみを想像しないのと、今、人類が集団でやっている大量殺戮は同じ構図です。規模から考えると生物の絶滅のほうがもっとも深刻です。

合理的で現実的な解決法

この生物種の大量絶滅の結末はどうなるのでしょうか？
この大絶滅を止めるためにはどうしたらよいでしょうか？
このふたつの課題を同時に解決する、もっとも合理的で現実的な方法があります。
それは、「人類が滅亡すること」です。
人間以外の生物たち（生物圏）は、人間がいなくても生きていけます。むしろ人類が滅亡すれば、天敵がいなくなり、豊かな地球環境が蘇り、よいことづくしです。

一方で、人間は、人間以外の生物たち（生物圏）に依存して生きています。食べる物も、美味しい空気も、豊かな海や土壌も、すべては生物圏が織りなす生態系に依存しています。したがって、生物圏が絶滅すれば、人類も絶滅します。

人類が絶滅するのは人類の自業自得ですが、巻き添えにされて滅ぼされる他の生物にとっては人間ほどはた迷惑な存在はありません。

ギャンブル依存者が破産するのは自業自得ですが、巻き添えにされた周囲の人はたまったものではないのと同じです。

このような意味で、地球上の大多数の生命にとっては、人類が滅亡することがもっとも合理的で現実的なよいシナリオなのです。

近年の気候変動や天変地異の様子を見ていると、すでに人類滅亡のシナリオは開始され、進行しているようにも見えます。

英国の環境科学者ジェームズ・ラブロックは、地球全体を一つの生命体として捉えるガイア理論を提唱しました。ガイア理論の視点から見ると、地球にとって人類は、生態系をものすごいスピードで破壊していますので、悪性のがん細胞のようなものです。ですので、地球は自らの健康を保つために、人類を退治する必要があるのです。がん細胞は、自己増殖を続けると、やがて宿主（がん細胞が宿っている身体）が死んでしまうので、自分自身も滅びてしまいます。

同様に、人類が私利私欲によって生物圏を虐殺し続ければ、生物圏が破壊され、人類も滅びてしまいます。

人類は、今、集団自殺の段階に入っています。人間たちは欲望を満たすためなら、死んでも構わないと思っているかのようです。欲に囚われている人類は、不都合な現実をなかなか直視できないようです。人類は、滅びに向かっていく薬物中毒者、ギャンブル中毒者、痴漢犯罪者とよく似た集団的行動をしているのです。

グリーンウォッシュ

「エコ」「グリーン」「ＳＤＧｓ」などの標語を用いて、環境に配慮しているように見せかけている偽の活動も増えています。社会的評価を高め、環境に貢献しているふりをすることによって、利益が上がるからです。しかし、実質的には環境に配慮していなかったり、かえって環境に対して悪影響を与えている場合も少なくありません。このような見せかけの環境活動はグリーンウォッシュと呼ばれています。地球上の全生命の命運がかかっている環境問題さえ、私利私欲を満たすための道具として利用する極悪人たちがいるのです。

グリーンウォッシュの横行によって、真に環境に配慮する活動全体の信用が失墜し、人々を疑心暗鬼と混乱に陥れています。グリーンウォッシュのような虚偽の活動が横行することによって、地球全体の環境改善の試みは停滞し、進まなくなってしまうのです。

人類のやることは、なんと愚かなことでしょうか。

唯一の根本解決法とは

今、地球で人間として生きている私は、人類の滅亡というもっとも現実的で合理的な解決法を望んでいません。なんとか別のよりよい方法で種の絶滅が止められることを願っています。

別の解決法は、実現は簡単ではありませんが、確かに存在しています。

それは、私たちが愚かさを克服し、過剰な欲望を手放すことです。そして不都合な現実を理性的に直視し、生命への慈しみと感謝の心を取り戻すことです。その上で、環境をまもる技術や仕組みが必要になります。

人類中心主義の誤りに気づき、他の生物の痛みを感じ取り、無数の生物による恩恵を感謝し、共存共栄する関係を構築する必要があります。

これは、人類の意識が進化する必要があるということを意味しています。これこそがもっとも望ましい、そして唯一の根本的な解決法です。

本書に書かれている「欲ばらない練習」は、個人を幸せにする方法ですが、それだけではないのです。貪らないことによって、心は浄化され、意識が進化します。「欲ばらない練習」は人類が滅びることなく、人類がこれからも生き残り、地球上のすべての生命と調和しながら共存して、皆で幸せに生きるために必須のスキルなのです。欲ばらないことの重要性がご理解いただけたでしょうか。

2
章

幸せになる心

凡《ぼん》夫《ぷ》*は欲望と貪《むさぼ》りと執着《しゅうちゃく》しているが、
眼《まなこ》ある人はそれを捨てて道を歩め。
この世の地獄を超えよ。

腹をへらして、食物を節し、
小欲であって、貪ることなかれ。
かれは貪り食う欲望に厭《あ》きて、
無欲であり、安らぎに帰している。

── 中村元訳、KN、Suttanipāta ──

*煩悩《ぼんのう》によって迷い苦しむ、覚りを得ていない普通の人々

慈しみの心

これまで、どちらかというと欲がもたらすよくない影響を中心にみてきました。では、よい欲というのはないのでしょうか。たとえば、私たちは人を喜ばせたいとか、困っている人を助けたいという気持ちもあるでしょう。そのような欲望がもたらす影響について考えてみましょう。

人を喜ばせたいというのは、幸せを願う心ですから、善い心です。人間だけではなく、動物や虫など、あらゆる生命の幸せを願うことは、すべて善心です。この心に悪いことはありません。むしろ、このような善い心をもつことは、私たちを大きく成長させ、幸せをもたらします。ですので、煩悩とは別の心なのです。

お釈迦様は、生命の幸せを願う心をパーリ語でメッター、日本語でいうと「慈しみ」と呼び、無制限に大きく深く成長させてくださいとおっしゃいました。仏教では、慈しみの心は、欲望とは別の種類の心として、分けて考えます。日本語で考えると、みんなが「幸せになって欲しい」という心も欲のひとつだと考えやすいのですが、慈しみの心は完全に善なる心なので、私利私欲とは区別して考えるべきなのです。

慈しみの心からは、思いやりが生まれ、友情が生まれ、所有欲のない愛情、見返りを求めない無私の愛が生まれます。慈しみの心からは、慈しみの言葉が生まれ、慈しみの行動が生じます。その結果、人々の間に喜び、安心、平和、調和が生じます。

慈しみの心をもつ人は、それによってさまざまな能力が上がり、心が広く明るく大きく成長します。慈しみの心は、人間の社会にはもっとも必要とされているものであり、もっとも欠けているものでもあります。ですので、慈しみの心は意識的に限りなく成長させるとよいのです。

自他を区別しない

慈しみは、他者を対象にするだけではなく、自分自身を対象にすることもとても大切です。慈しみの心は自他を分け隔てることがありません。

人を喜ばせたいという思いが強すぎて、自分や身内などの近しい人へのケアが疎かになってしまうことがあります。これはバランスが悪いのです。自己犠牲を続けないようにしましょう。

自分自身にも、近しい人にも、無制限の慈しみを注ぐとよいのです。自分を慈しまずに、自分を貶《おとし》めておいて、他者を十分に慈しむことはできません。自分も他人も、人間もそれ以外の生命も、分け隔てなく、無限に、その幸せを願いましょう。自他を分け隔てなく慈しむことが巡り巡って自分自身を幸せにするもっとも確実な方法なのです。

哀れみの心

困っている人や生物がいたら助けてあげたい、支えになってあげたいという気持ちは、ほとんどの人がもっていると思います。このような心も、慈しみの心と同様、完全に善い心です。

苦しみを取り除いてあげたいという心は、仏教ではカルナーと呼び、「悲《ひ》」と訳されています。哀れみの心といってもよいでしょう。哀れみの心も、私利私欲ではないので、仏教では欲とは区別されています。日本語では苦しみを取り除きたいという気持ちも欲として捉えられますが、そのように考えるとするならば、哀れみは善なる欲ともいえるでしょう。

先日、あるニュースを目にしました。川で流されて溺れる男児を見て、18歳の青年が服を脱いで川に飛び込んで救出し、警察署から表彰状を授与されたというのです。溺れている人を助けるのは簡単ではなく、しばしば救助に行った人も溺死するリスクがあります。しかも、5月の富山県の川なので、水はとても冷たくて、救助後にふたりとも低体温症になったそうです。しかし、そのような危険を顧みず、「誰も助けに行かないし、苦しそうな男の子を何とか助けたい」と思い、見ず知らずの男の子を助けたいという一心で飛び込んだといいます。とても勇敢な行動です。

苦しんでいる人、困っている人、助けを必要としている人は山ほどいます。苦しんだ経験のない人は誰もいないでしょう。苦しんでいるときに、助けられた経験も誰もがもっていると思います。私たちはあらゆる場面で助け、助けられながら生きています。今も、病気で苦しむ人、戦争・紛争・諍《いさか》いで苦しむ人、貧困に苦しむ人、食べものがなくてお腹をすかせている人、暴力・虐待・差別・誹謗中傷・いじめなどで苦しんでいる人、孤立や孤独に悩む人、人間関係で苦しんでいる人、生存に必要な欲さえ満たされずに苦しんでいる人などが、世界中にたくさんいます。

畜生への哀れみ

苦しんでいるのは人間だけではありません。動物や虫たちも、弱肉強食の世界で生きていますから、つねに生命が脅かされています。虫たちはネズミを見れば逃げ出しますし、ネズミは猫が来たら恐怖を感じますし、猫は鷹《たか》や鷲《わし》に捕食されます。生態系のあらゆる動物の最大の天敵は人間です。1章で述べたように、莫大《ばくだい》な数の動物たちが家畜として利用され、実験の道具とされ、殺され、食べられ、住む場所を奪われ、ひどく苦しめられ、絶滅しています。最近、出現のニュースを騒がせることの多い野生の熊たちも、もとはといえば彼らの居住環境を人間が破壊しているため、やむにやまれず人里に下りてきているだけかもしれません。ごく一部の動物はペットとして人間に世話をされますが、都合が悪くなればしばしば捨てられますし、売れなければ殺処分されたり、虐待されることもあります。

仏教では、動物や虫たちのことをティラッチャーナといい、日本語では畜生《ちくしょう》と訳されます。「こんちくしょう」という罵り言葉があるのでイメージが悪いのですが、ティラッチャーナ（畜生）に差別的な意味は含まれていません。畜生への哀れみも著しく欠如し、不足しています。

餓鬼への回向

人間や動物以外でも、苦しんでいる生命はいます。信じられない人は無視していただいて結構ですが、肉体をもたない生命はたくさん存在しています。私は修行をしているときなどに、ときどき暗い顔をした不気味な幽霊に出会うことがあります。仏教では、このような低い世界の幽霊や亡者をペータと呼び、日本語では餓鬼《がき》と訳されます。餓鬼は、苦しみに満ちた暗い世界に堕ちているので、修行者に助けを求めてくることがあるのです。

私の父も、亡くなった後に何度もリアルな夢の中に現れたのですが、その様子や暗い世界の雰囲気から、餓鬼界に堕ちたのだとわかりました。修行中は、私の周りに死んだ父がいることに気づいた行者もいました。

餓鬼に出会ったら、彼らの苦しみを哀れんで、回向《えこう》をするようにお釈迦様は教えています。回向とは、善い行いをした功徳を、他者に与えるということです。回向は、相手と功徳を意識して、「この功徳を○○さんに回向します」と宣言します。私は、死んだ父に話しかけ、夢の中でも、夢から覚めた後でも、繰り返し回向をさせていただきました。しばらくすると死んだ父は現れなくなったので、どこか別のよいところに行けたのかもしれません。

慈悲喜で与え合い高め合う世界に生きる

慈しみのメッターと、哀れみのカルナーをあわせて、慈悲といいます。慈悲の心は生命の世界でもっとも必要とされ、もっとも欠けているものです。慈悲の心があると、それだけで心は明るく、強くなります。

私利私欲が強いときには、自分の欲が満たせないとわかると、すぐに怒ったり、落ち込んだりしてしまい、暗い心になります。しかし、慈悲の心で生きていると、激怒したり、長く沈み込んだりはしないのです。

慈悲の心がある人は、他人が成功したり、成長したり、幸せになると、自分のことのように喜びます。他人の苦しみがなくなったときにもとても喜びます。このような喜びを仏教ではムディターといい、日本語では「喜」と訳されています。

私利私欲が強い人は、他人が成功すると、嫉妬をして、足をひっぱろうとするかもしれません。私利私欲が強い人は、他人が苦しんでいるときには、優越感や喜びを感じるかもしれません。他人の不幸は蜜の味というわけです。これらは皆、卑しい、暗い心なのです。人間でありながら、餓鬼の心なのです。

一方で、慈しみや悲や喜の心は明るく強い心です。慈悲喜が生じているとき、それだけですでにその人は幸せです。慈悲喜がたくさんあると、魅力的な人間になるので、よいご縁に恵まれるようになります。

類は友を呼びますので、慈悲のある人は、慈悲深い明るい人と出会いやすくなります。私利私欲が強い人は、自己中心的な人と出会いやすくなります。自分と同じような心の人と波長が合うのです。

ですので、私利私欲を中心に生きる人は、奪い合い、競い合いの世界で生き、慈悲を中心に生きる人は、与え合い、高め合う世界で生きるようになります。慈悲の中で生きると、結果として、個人的な欲望も満たされる可能性が高まり、ますます幸せになるのです。

広い心

慈悲を向ける対象が広がれば、その人の心もそれにつれて大きくなります。慈悲のない私利私欲の心は、もっとも小さく暗い心です。自分に慈悲を向けることはとても大切ですが、自分だけが慈悲の対象だとしたら、まだ小さな心です。

家族、友人、恋人、ペットなど、自分の親しい人に慈悲心があるとよいですが、それだけだとまだ内輪に留まっています。

これまでお世話になった人、さまざまな場所でご縁を得た人、好ましい人、そして好ましくない人にも慈悲心をもつことができると、大きな心になってきます。

住んでいる地域の人々、日本の人々、アジアの人々、世界の人々の幸せを願い、彼らの苦しみに心を痛める心は大きく明るい心です。

人間だけではなく、人間以外のすべての動物や虫たち、全生態系、地球（ガイア）、肉体をもたないさまざまな存在、地球に限定されない全宇宙に存在するすべての生命に、慈しみと哀れみの心をもつことが、もっとも大きな心です。

お釈迦様は、慈悲の心を強く、広く、無限に育てて、大きな心になるようにと教えられました。そのために、ブッダの弟子である修行僧は日々、慈悲の瞑想を行うのです。

好奇心の功罪

自分が知らないことに関心や興味を抱く心を好奇心と呼びます。知識や情報に対する欲望です。好奇心があると、さまざまな情報をキャッチするようになり、知ること自体を楽しみます。知ることによって新たな発見をして喜びを感じたり、そこから新たなアイディアが生まれて創造性が開発されることもあります。好奇心があると、学習意欲が芽生えるので、知識が増して、勉強の成績が向上する可能性もあります。好奇心があると、どのような状況に出会っても、なぜだろうという疑問を抱きます。こうした疑問が探究心になり、問題の理解や問題解決の能力が上がるのです。

ある心理学の研究で、いじめを受けたときに、「なぜこの人は私に意地悪をするのだろう」という好奇心を抱く人は、心にダメージを受けにくいということがわかっています。「ひどいことをされた」「見下された」などと感情的に受け取ってしまうと、感情的につらくなるのですが、「なんでこんなことをするのだろう。不思議だ。その原因を知りたい」と考えると、感情的なダメージを受けにくいのです。ですので、好奇心があることによって、心を乱すことなく、理性を保ちやすくなるのです。

社会に好奇心を抱く人は社会の現実をよく知るようになり、他人に好奇心を抱く人は、他人をよく知るようになります。これによって、社会や経済が向上する方法を発見したり、他人への理解が深まり、よい人間関係を築くことにつながる可能性があります。

一方で、社会の現実をよく知ることによって法の抜け道を見つけ出し、犯罪を犯す人もいます。他人をよく知ろうとすることによって、ストーカーになったり、他人を利用したり支配しようとする人もいます。

このように、好奇心は、よい方向にも、悪い方向にも、どちらにも向かう可能性があります。ですので、好奇心が建設的に機能しているか、破壊的に機能しているのかを見極めることが必要になります。

情報依存症

今の時代は、スマートフォンのような情報端末がひとつあれば、膨大な知識と情報を得ることができます。好奇心にとらわれると、一日中スマートフォンを見続けて、時間を浪費する可能性があります。無制限に知識欲・情報への欲を貪ってしまうと、情報依存症となり、やるべきことができなくなってしまいます。

アイフォーンをつくったアップルの創始者スティーブ・ジョブズが、自分の子どもにはスマートフォンやタブレットに触れる時間を厳しく制限していたというのは有名な話です。好奇心を貪ることによって、愚かになってしまうこともあるのです。

好奇心は、よい影響をもたらすこともありますが、煩悩の性質も備えています。ですので節制が必要ですし、好奇心を抱く対象を吟味する必要があるのです。

向上心の功罪

自分をよりよくしたいという心を向上心といいますね。これもある種の欲ですが、とても大切な心です。向上心があることによって、人はよりよく成長することができます。向上心がなければ、人は成長せず、同じ失敗を繰り返したり、簡単に困難に負けてしまったり、自堕落になってしまいます。

向上心があると、困難な状況から目を背けたり逃げるのではなく、むしろ進んで困難に挑むこともできます。未知の課題にも積極的に取り組むこともできます。向上心は、前向きな心構えをつくりだし、意欲を生み出し、困難に負けない忍耐心を養います。向上心は、チャレンジ精神にもなるので、新たな世界を切り開き、困難を乗り越えて課題を達成し、多くの学びを得て、心は鍛えられ、成長します。向上心によって物事を成し遂げれば、達成感を味わい、心は充足します。

学問や知識を深めようとする向上心があれば、勉強の苦しみを乗り越えて、自発的に学ぶようになり、知性が向上するでしょう。このような向上心を向学心といいますね。向学心があると、新しいことを知り、理解できないことが理解できるようになり、知的な満足感を得ることができます。

成長欲求

向上しようとする心のエネルギーは、生命に普遍的な傾向であるように思われます。たとえば、土壌に落ちた種が芽を出して、葉をつくり、大きく成長してやがて花を咲かせ、実を結ぶように、生命は上へ上へと伸びようとする力が備わっています。

生まれたての赤ん坊も、はじめは首を立てることもできませんが、成長とともにハイハイをするようになり、誰にも教えられなくても立てるように努力し、今度は歩いたり走ったりできるように一生懸命です。身体の運動能力は成人になるまで伸び続け、その後は退化していきますが、心の成長は、向上心があれば死ぬ瞬間まで続きます。

よりよい心になりたいという向上心は、成長欲求と呼ばれ、人を努力に駆り立てます。慈悲深い人間になりたいというのは成長欲求であり、このようなよい目的に沿った向上心は、私利私欲による煩悩とは区別されるべき、よい心になります。

一方で、より上手に人を傷つけるようになろうとか、より強力なディベート力を磨いて人を論破して貶めてやろうとか、より巧妙に他人を騙して儲けようとか、私利私欲に基づいて、悪い目的に向かう向上心もあります。このような向上心は、煩悩のファミリーであり、いずれ悪い結果を招くことになるでしょう。

ですので、向上心は、どの方向に向かっているのかということがとても大切です。よい方向に向けた向上心は善なる心です。

求法心《ぐほうしん》と菩提心《ぼだいしん》

この世の真理を知りたいとか、心を完全

に浄《きよ》らかにして解脱をしたい、覚りを得るために修行をしたいというのは、究極の向上心です。

仏教でいう真理とは、パーリ語でダンマといいます。ダンマには2種類あり、慣習、法律、学問などで正しいと多くの人が合意している世俗的な真理と、時代や文化を超えて、変化することのない普遍的な究極の真理です。前者は世俗諦（サンムッティ・ダンマ）といい、時代や文化によって変化するので、暫定的な真理であり、究極の拠《よ》り所とはなりません。後者は勝義諦（パラマッタ・ダンマ）といい、いついかなる場所でも例外のない普遍的法則なので、究極の拠り所となります。このような究極の真理をはっきりと知りたいという思いを求法心《ぐほうしん》といいます。

求法心は、ダンマを求める心のことです。求法心は、学問によっては満たされません。正しい教えを聞いて、よく理解し、熟慮して、修行によって自ら確かめることによってのみ、求法心は満たされます。ダンマを自らよく検証し、満たされた求法心と確信が、仏教でいう「信《しん》」（パーリ語でサッダーという）になるのです。仏教の「信」は検証もせずに頭ごなしに何かを信じることではないのです。

解脱《げだつ》というのは、ヴィムッティというパーリ語で、もともとは「自由になる」「解放する」という意味です。何から自由になり、解放されるのかというと、自分の心の中にある煩悩から自由になるということです。ですので、燃えさかっていた煩悩の炎が吹き消され、煩悩から自由になることを解脱と呼ぶのです。解脱をするためには、心を浄らかにするための正しい修行が必要になります。欲ばらない心を身につけることは、解脱に必須の修行なのです。

完全で恒久的な解脱を達成することを仏教では覚りといいます。完全な覚りを得たいと願う究極の向上心を大乗仏教では菩提心《ぼだいしん》と呼びます。

求法心や菩提心が本格的に目覚めると、人生のステージが変わります。出会う人、出会う出来事、出会う情報、その受け止め方がガラッと変わるのです。人生の方向性がしっかりと定まるからです。求法心や菩提心が強く定まると、正しい修行ができるようになります。求法心や菩提心は、完全に善い心です。

3
章

欲の分析と取り扱い方

世間には五種の欲望の対象*があり、
意の対象**が第六であると説き示されている。
それらに対する貪《とん》欲《よく》を離れたならば、
すなわち苦しみから解き放たれる。

―― 中村元訳、KN、Suttanipāta ――

*目で見る色や形、耳できく声、鼻で嗅ぐ香り、舌で感じる味、身体で感じる触感
**心で受け取る刺激、情報、概念、思想、想念など

欲の強度：渇愛と執着

ここまで、欲望がもたらす悪影響と、幸せをもたらす心について考えてきました。どのような欲や願望であっても、弱いものから強いものまで、無段階に存在します。欲の強度によって、当然ですが、その影響は大きく変わってきます。

身体が水分を必要としているとき、私たちは「水が飲みたい」と思います。喉が渇いたという欲です。このような「〇〇が欲しい」という欲を、仏教ではタンハーと呼び、日本語では渇愛《かつあい》と訳されています。

水が飲みたいと思ったときに、コップ一杯の水を飲めば、すぐに渇愛はなくなります。水が手に入らなければしばらくの間は忘れていることもできるでしょう。弱い渇愛の段階であれば、欲の強度が低いので、まだそれほど強くとらわれたり、振り回されたりすることはありません。

ところが、一日の間ずっと水が飲めなかったらどうでしょう。水が欲しくて欲しくてたまらなくなります。水を飲むことばかりを考えてしまい、他のことが考えられなくなるかもしれません。誰かが水の入ったペットボトルをもっていたら、目が離せなくなってしまうかもしれません。欲望の強度が高まり、欲を満たすことばかりを考えるようになります。この段階の強い欲望を仏教では、ウパーダーナといい、日本語では「執着《しゅうちゃく》」「固執《こしつ》」「取《しゅ》」などと訳されます。

渇愛は、軽く浅いものが多いですが、執着になると、どうしても手に入れたい、手に入れたものは絶対に失いたくないという深く重たい貪りの心になります。

欲のさまざまな特性

同じ欲でも、短い時間で消える場合もあれば、長い時間継続する欲もあります。たとえば、耳で鐘の音を聴いて美しい音色だなと思って、すぐに忘れればごく短時間だけ音に欲が湧いたにすぎません。耳で歌声を聴いて、頭の中でそれを何度もリピートして、その歌をダウンロードして繰り返し聞きたいと思うならば、長時間継続する欲になります。

個人的な欲もあれば、集団的な欲もあります。たとえば、自分が他人より優れていたいというのは個人的な欲ですが、日本が外国よりも優れていてほしいというのは集団的な欲になります。

意識的な欲もあれば、無意識的な欲もあります。たとえば、「お腹が空いた」と多くの人は感じることができますが、ダイエットに固執している人は、「お腹が空いている」という欲を否認したり、感じないように抑圧しているので、食欲は無意識に閉じこめられています。摂食障害の特に拒食症の患者さんは、空腹の欲を感じられないことが多いのです。

たとえば、「人は死んだら無になる」という見解を意識的に支持し、執着している人がいます。一方で、「人は死んだら無になる」と思っているのですが、そう思っていることが無意識な場合があります。意識化できていない人は、「人は死んでも終わらない」という見解に出会うと、驚きあきれたり、馬鹿にしたり、頭ごなしに否定するなどの過度な反応をすることがあります。無意識的な見解への執着は、他者への差別意識の温床になるなど、トラブルを引き起こす可能性があります。ですので、自分の欲に気づき、意識化することが大切なのです。

一目惚れ

一目惚《ぼ》れの事例について考えてみましょう。若い女性が、美しい容姿の男子を目にして、かっこいいなと思ったとします。その女性は、もっとその男子を見ていたいと思い、目で追いかけます。そのとき渇愛が生じています。しかし、この段階であれば、その男子と離れればスッキリと忘れてしまい、後を引くことはありません。

ところが、彼と目が合ったときに、相手がニコッとさわやかに微笑《ほほえ》んでくれたらどうでしょう。彼女は胸が高鳴り、自分のことを愛してほしいという思いが湧いてしまいました。彼と離れた後も、頭の中は彼のことばかりを繰り返し考えています。長い時間にわたる強い欲に成長していますので、渇愛ではなく執着になっています。どうやったら再び彼に出会えるか、どうやったら自分を気に入ってもらえるか、知らず知らずに考えるようになり、他のことが考えにくくなってきます。

もしも彼が、他の女性と親密に話している様子を目撃したらどうなるでしょう。心の中では、その女性とどんな関係なのだろうか、彼はその女性に好意をもっているのだろうか、どうしたら自分に注目を向けさせられるだろうかと、さまざまな憶測、不安、対策、シナリオで頭がいっぱいになります。場合によっては、彼が親密に話していた女性に憎しみの感情が生じ、貶めてやりたい、意地悪をしたいなどという気持ちが湧くかもしれません。

欲をはると愚かになる

このように、渇愛が執着に発展し、欲が強まれば強まるほど、種々の妄想が頭を駆け巡り、対象が手に入らないときには、心が動揺し、怒り、不安、悲しみ、恐れ、嫉妬、悪意などの煩悩が、後から後から芋づる式に現れ、悶《もだ》え苦しむのです。

もしも彼が望み通り、自分に好意をもってくれたらどうでしょう。それはそれは幸せな気持ちになるでしょう。しかし、それでもやがて新たな不安がもたげてきます。自分以外の女性に好意をもってしまうことを恐れるのです。執着が満たされたときには大きな喜びを味わいますが、今度は得たものを失う恐れや不安が現れるのです。

ただ彼を見かけただけのときには、心にはなんの動揺もありませんでした。しかし、素敵だなと思って心が惹《ひ》かれ、渇愛が生じ、自分を愛してほしいと思った途端、心には波が生じ、ざわざわし始めます。その渇愛が強く深く重たくなると、執着となり、もはや彼女の心は完全に彼に支配されてしまっているのです。彼の態度に一喜一憂し、心は自由を失い、視野は狭くなり、見事に縛りつけられてしまったのです。

欲が強くなると、欲の対象のことばかりを考え、欲に関係のない情報が心に入りにくくなります。これが、欲が「はられた」状態です。欲がはられると、世界に膜が張られたようになり、欲望に関連するものだけが幕を通過するようになります。心は欲で彩られた膜の内側に閉じ込められて、欲に支配された認識、欲に支配された考え方、欲に支配された感情ばかりが動くようになるのです。

これは、とても偏った世界です。あるがままを見たり、理性的に考えることができなくなってしまいます。ですから、欲をはる人は、愚かになるのです。愚かな人は、執着を楽しみ、陶酔し、そして苦しみます。

賢い人は、このことをよく知って、渇愛が生じたことに気づき、注意深くなるのです。執着が生じたら、最大限警戒するのです。完全に覚った人は、何にも執着しないので、心に苦しみが生じることはないのです。

修行のコツ

覚りを開きたいという菩提心は善い心ですが、菩提心であっても過剰になれば執着が生じます。覚りに執着してしまうと、心が硬直してしまいます。覚りとはとらわれのない自由な心なので、覚りに執着して欲ばることによって、かえって覚りから遠ざかってしまうのです。

熱心で真面目な修行者は、よい結果を早急に得たいと焦ってしまい、がんばりすぎて緊張し、空回りをして修行がうまくいかなくなります。

一方で、菩提心がなければ、覚りに向かった修行はできません。ですので、強く揺るぎない菩提心をもちつつも、それにとらわれすぎず、柔軟な心であることが大切なのです。求法心や菩提心を腹の底にしっかりと据えたら、それに執着しすぎないように注意深くあることも修行なのです。修行をはじめたら、向上心であってもそれにとらわれすぎずに、目の前のやるべきことひとつひとつに集中するのがよいのです。

中道に生きる

向上心は成長には欠かせないとても大切な心ですが、強すぎれば、やはりよくない影響をもたらします。たとえば、アスリートが、練習をしすぎて身体を壊してしまったり、本番で結果を出したいと欲ばりすぎて力が入りすぎ実力を発揮できなくなることがあります。今やるべきことだけに無欲で集中できれば最高のパフォーマンスが出せるのですが、向上心が強すぎて、結果に執着してしまうと、かえって失敗しやすいのです。

休みたい、眠りたいという欲は、中道に生きるためには必要な欲です。人間はずっと働き続けたり、努力し続けることはできません。よい結果を出すためにも、しっかりと休み、眠ることが必要なのです。過剰な努力を続ければ、いずれ心が燃え尽きてしまったり、うつ状態になったりして、心身が壊れてしまい、努力が身を結ばなくなります。かといって、やるべきことをやらずに、休んでばかり、眠ってばかりいるのは、もちろん怠惰でよくありません。

好奇心も人を成長させることが多いですが、強すぎれば、興味関心が拡散してしまい、ひとつのことを掘り下げられなくなるという弊害が生じます。

よい方向への意欲は必要なのですが、よい結果をもたらすためには、結果に執着しすぎないように、ちょうどよい塩梅《あんばい》にエネルギーを調整し、適度な努力になるように細やかなコントロールが必要になるのです。

お釈迦様は、修行をするときには、快楽に心を奪われるようではじめから成り立たないと同時に、厳しすぎる苦行もよい結果にならないので、両極端に走らず、丁度よい頃合いで励むよう教えられました。ちょうど、弦楽器でよい音を奏でるためには、弦がたるんでいてもいけないし、強く張りすぎていてもダメで、ちょうどよいテンションを見つけて張ることが必要なのと同じなのです。

自分なりの中道を見つけ、中道に生きるための努力が必要なのです。

善悪の混合割合を見積もる

欲望は、よい心と悪い心のふたつに分けられるのではなく、入り交じっている場合

もよくあります。

たとえば、人を喜ばせたいという慈しみの心があるときに、喜ばせることによって自分が好かれたい、注目されたい、商品を売りつけたい、などの私利私欲の思惑が背後にある場合があります。このように、実際には純粋な心と不純な心が混ざっていることも多々あるのです。

たとえば純粋な慈しみが80%だけれども、見返りを求める欲望も20%くらい混じっている心の場合は、善心と煩悩がミックスされた白に近いグレーな心です。

よい人と思われて評価を上げたいという承認欲求（煩悩）が90%で、相手を幸せにしたいという慈しみ（善心）が10%の場合もあります。このような場合は、黒にかなり近い濃いグレーな心といえるでしょう。心をよく観察して、その純度や、善悪の割合を見分ける必要があるのです。

欲は無常

欲望はつねに変化するということも大切な特徴です。つねに変化して、一定しないという特徴を仏教ではアニッチャといい、日本語では無常と訳されます。日本人であれば、諸行無常という言葉を誰でも知っていますね。すべての形成されたものは、つねに変化し続けるという意味です。

はじめは見せかけの偽善的な親切心だったのが、偽善的な行動をしているうちに、次第に純粋な慈しみに変化していくということもよくあります。たとえば、内申書の評価を上げるために嫌々ながらボランティアをする高校生がいます。しかし、私利私欲ではじめたボランティア活動であっても、現場で動いているうちにやる気が出てきて、途中から本当に熱心に、何の見返りも求めることなく、奉仕活動に没頭するようになることがあります。ですので偽善でもよいのでまずは行動してみて、反省しながら少しずつ善心の割合を上げていけばよいのです。

反対に、はじめは純粋な慈しみの心で始めたのにもかかわらず、時間が経つうちに私利私欲に汚染されてしまうことも少なくありません。たとえば、社会に貢献するための非営利組織を立ち上げ、利益を度外視して精力的に活動していたものの、年数が経つうちに熱意が失《う》せていき、金銭的利益や他者からの評価のみを追求した活動になってしまうというケースがあるでしょう。

このように、人間の心は絶えず変化していますので、欲望も、善なる心も、無常なのです。ですので、今の心がどのくらい純粋な心で、どのくらい煩悩の欲なのか、それがどのように変化しているのか、いつもよく観察して気づいている必要があるのです。気づくことによって、煩悩の悪影響を取り除き、より純粋なよい心になるように心がけることが大切なのです。これはキレイゴトの道徳ではなく、宇宙の法則に従った、幸せになるための合理的な方法です。

業の法則に則る

欲を貪れば、必ずそれは結果に表れます。私利私欲によって、自分だけ得をしよう、自分だけ幸せになろうとすると、長い目で見たときに、結局は苦しみを呼び寄せます。すでに述べたように、渇愛は知らないうちに大きくなって執着になりやすく、クラスターになって強大化し、強まれば強まるほど、それが満たされないときには、大きな怒りや不満が生じます。私たちは生きていると、大きな苦しみを体験することがあります。そのような体験の背景を調べると、しばしば心に強い欲や執着があるものです。

失恋の体験はまさにそのような体験です。相手に執着する心が強ければ強いほど、失恋は耐えがたい体験になります。ですので、色情のもつれは、ストーカーになったり、傷害や殺人、あるいは絶望して自殺など、悲惨な結果になることがあるのです。

うまく欲を満たすことができたとしても、いつかはそれを失います。欲望だけではなく、欲の対象もまた無常だからです。欲望の対象を失うときに、執着が強ければ強いほど、耐えがたい苦しみを味わうことになるでしょう。たとえば、自分が固執していた地位を奪われたときには、怒り、悲しみ、怨《うら》みに襲われるのです。かわいがって愛着していたペットが亡くなれば、強い悲嘆に襲われます。愛着していたパートナーに浮気をされたときには、強い憎悪や悲しみを味わいます。

欲にはこのような苦しみの種が入っていることをよく知り、いずれは欲の対象を失うことをあらかじめ想定しておくとよいのです。そうすれば、怒りや悲しみの度合いはずっと減り、荒れ狂ったり、絶望することはかなり防げるでしょう。大切なものもいずれ失うこと、自分の命も終わりがあることを想定しておくのです。欲と上手につき合うことは、苦しみを少なくし、質の高い、満足できる人生を実現するためには必須のスキルなのです。

しかし、煩悩の欲が大きく成長し、執着してとらわれているときには、そこに苦しみの種があることに気づきません。これが無智という煩悩なのです。煩悩の欲は、短期的には喜びをもたらしたり、成功を収めることがありますが、長期的に見ると、いずれ苦い結果を必ず受け取ることをしっかりと頭の中に想定しておきましょう。

一方で、あらゆる生命に対する慈悲をもつ人は、心が開かれて豊かになり、幸せが増えます。慈悲の心が強ければ強いほど、欲望は暴走しにくくなり、優れた幸せを得ることができるのです。よい心をもつならば、長い目で見たときには、必ず幸せを引き寄せるのです。これがお釈迦様が詳細に観察して発見された業（カンマ）の法則なのです。善因善果、悪因悪果ということです。

貪欲から善心へのトランスフォーメーション

以上、欲についてさまざまな角度から総合的に分析してきました。欲は幸せの原動力のように考えがちなのですが、欲の性質をよく知れば、欲とのつき合い方を誤ると、生きる道を誤り、大変な苦しみを招いてしまうということが理解できたでしょうか。

皆さまの周りにも、人々の評価や承認を求めて我を失っている人とか、完全な健康を求めすぎてかえって病気になっている人とか、色恋に溺れて現実を見失っている人とか、美しい容姿を手に入れるために整形手術がやめられなくなっている人とか、お酒やドラッグに溺れて生活が破綻している人とか、不要な買いものがやめられずに大きな借金を背負っている人とか、お金を得るために違法行為をしている人など、さまざまな欲望に溺れ、道を誤り、苦しんでいる人、他人に迷惑をかけている人を見かけたことがあるのではないでしょうか。あるいは、読者の皆さまがそのような欲の罠にかかって苦しまれた経験もあるかもしれません。あるいは今も欲に支配され、自分ではどうにもならずに苦しんでおられるかもしれません。欲は、小さなものであっても、大きくなる可能性があり、クラスターになって巨大化することもあり、執着が強くなれば、気づかないうちにじわじわと私たちの生活や精神を蝕んでいくのです。

欲には、渇愛や執着があり、無段階の強度のものがあります。私利私欲による煩悩の欲だけではなく、慈悲喜の心、向上心、好奇心、求法心、菩提心などの善い結果をもたらす可能性のある心についても考えてきました。欲には強度、軽重、深浅、長短、個と集団、意識と無意識などのもろもろの特性があることも学びました。

貪欲を満たさないことによる満足があること、貪欲を満たすと強化されること、貪欲は苦痛をもたらすこと、貪欲によって健康を損ない成長を阻害するという欲望の4つの法則や、善悪が入り交じるグレーなものも多いこと、さらには欲望も欲の対象も無常であり、つねに変化することを学びました。自分の心によって、業の法則に従って貪れば必ずその結果を受け取ることも非常に重要な特徴です。

最後にとても重要なことを付け加えたいと思います。賢い人は、渇愛や執着による握りこぶしの握力を弛め、強度を弱め、浄化し、最終的には手を開きます。そして、渇愛や執着に費やされていた私利私欲のエネルギーを、慈悲心、向上心、求法心、探究心、菩提心などの建設的な善なる心に振り替えるのです。

私利私欲が善なる心にトランスフォーム（変容・変換）されれば、虚《むな》しくなることはありません。欲を少なくして、善なる心だけで生きられれば、最高の幸せが実現されるのです。その幸せは、私利私欲を満たすことによるかりそめの喜びではなく、より優れた、深く、持続性の高い喜びなのです。このようなこよなき幸せを是非味わってください。

4 章

出家修行で見えた真実

貪りや怒りに負かされた人々には、
この真理（ダンマ）はよく理解しがたい。
世間の流れに逆らい行き、微妙で、
深遠で、見がたく、微細であるこの真理を、
貪欲に染まり、暗黒に覆われた人々は、見ない。

── 田辺和子訳、MN85、Bodhirājakumāra Sutta ──

ブッダの直説との出会い

私が欲の性質にはっきりと気づいたきっかけを簡単に紹介させていただきます。ブッダの教えに出会い、出家修行をしたことがきっかけなのですが、私の個人的体験なので、ご関心のない方は、この章を飛ばして5章に進んでいただいても構いません。5章以降の実践をやってみて、欲から自由になった爽快感や喜びを体験されてから、本章に戻って読み返していただいても結構です。

すでに述べた通り、私は大学で約25年間、心理学者として教育・研究に従事しながら、カウンセラーとしても約30年間、さまざまな方のお悩みと向き合ってきました。相談に来られた方々のお役に立てたこともあるとは思いますが、しかし、どうやら心理学だけではどうにも対応することのできない心の問題も多々あると感じていました。心理学は多種多様な分野に発展していて、多くの対症療法を生み出していますが、心の苦しみの根本原因に切り込んだ理論や根治療法はまだ存在していないと感じていました。

そこで、心理学の枠に留まらず、隣接分野を幅広く学びながら、さまざまな文献、ワークショップ、隣接分野の学会に出入りをして、スピリチュアリティの研究も行い、究極のものを探し続けていました。しかし、文献だけを読む研究自体に限界を感じ、さまざまな実践をするようになります。若い頃からヒンドゥ系の瞑想、ヨーガ、気功、太極拳、ヒーリングなどを体験していたのですが、さらに本格的な修行として、熊野の山奥での修験道修行（回峰行、滝行、断食、法螺貝《ほら》など）、ブラジルの奥アマゾンでのシャーマニズムなどにも挑戦するようになりました。熊野の修験道修行を経て、私は真理を探究する「行者」として生きることを決めました。こうして、体当たりの無手勝流で、人間の苦しみの根本原因を取り除く真理を探し求めてきました。

その末に出会ったのが、ゴータマ・ブッダの教え、つまり初期仏教だったのです。2013年に、ある出家修行者からブッダの教えを直々に聞いて、今までに感じたことのない衝撃を受けたのです。その後、何度も話を聞きに通った後、自分でもパーリ聖典を食い入るように読み、ブッダの説いたダンマ（真理）が次々と心に染み通り、深く納得したのです。

初期仏教とは

初期仏教とはどういうものか、簡単にご説明します。初期仏教というのは、今から約2500年前に、仏教の開祖ゴータマ・ブッダや直弟子たちが生きて活躍していた時代の、最初期の仏教のことです。この頃のブッダの教えや活動は、パーリ語で口伝によって継承され、のちにパーリ聖典（原始仏典）にまとめられました。ブッダが入滅した直後に、完全な覚りをひらいた500人の弟子たちが、ブッダの本当の教えはこれであると確認した内容が、パーリ聖典にまとめられたとされています。

パーリ聖典が日本に本格的に入ってきたのは明治時代以降で、現代語訳されたのはごく最近のことです。今も現在進行形で複数のグループの翻訳作業が進められています。パーリ聖典の記述に基づいた修行を実践しているのが、ミャンマー、タイ、スリランカを中心に浸透している上座部仏教（テーラワーダ仏教）です。上座部仏教の中にも、修行のやり方などによって、さまざまな流派がありますが、日本の仏教のような宗派はありません。どの流派も、パーリ聖典に基づいた修行を実践するという点では共通しており、またパーリ聖典以外を仏典と認めることはありません。

一方、私たちに馴染みのある日本に伝統的に浸透している仏教は上座部仏教ではなく、すべて大乗仏教です。大乗仏教の経典はサンスクリット語という人工的につくられた経典専用の言語で書かれています。大乗経典はブッダが入滅してから500年くらい経った後に、数百年にわたって新たに創作されたものです。そのため、大乗経典に書かれていることは、パーリ聖典とはかなり異なった内容が多く見られ、ブッダの教えとは矛盾しているものも含まれています。

小乗は事実ではない

現代の文献学的な研究によると、ブッダが本当に語ったことは、パーリ聖典がもっとも忠実であることは間違いありません。パーリ聖典の記述がすべて本当にブッダが語った内容であるかどうかは定かではなく、後代に挿入された部分もあることを示唆する研究も多いですが、全体的にはかなり正確な記述が多いと考えられています。

かつては、日本では上座部仏教を小乗仏教と呼んでいました。私も高校生のときに教科書で小乗仏教と学んだ記憶があります。小乗とは、サンスクリット語でヒナヤーナという言葉の翻訳で、「小さな乗りもの」という意味です。一部のエリートだけが覚りに至る小さな乗りものに乗って、多くの大衆は排除されているという意味なのです。

しかし実際には、上座部仏教は、日本とは比べものにならないほど、今も多くの在家信者の心の拠り所となっています。ミャンマーやタイの街を歩けば、心のこもった比丘への布施が毎日そこかしこで行われ、出家僧（比丘）やサンガ（比丘集団）への心からの敬意に満ちていることがわかります。ミャンマーやタイの寺院は、多くの国民が日々参拝する場となっており、観光資源としてではなく、葬式や墓の管理のためでもなく、修行の場として、そして国民の日々の心の拠り所として機能しています。そのため、小乗仏教という名称は、大乗仏教側からの、事実誤認と偏見に基づいた蔑称であることが明らかになったため、現在は使われなくなっています。

原始仏典は究極の実践心理学

ブッダは、自らの教えをサンスクリット語の経典にしてはいけないと明言しています。サンスクリット語は日常的に使われている言語ではなく、ヒンドゥー教の経典をつくるために人工的につくられた言語で、バラモン階級のエリートしか読めない言葉だからです。お釈迦様は、庶民が日常的に使っているパーリ語での記録を認められたのです。

にもかかわらず、大乗仏教では、膨大な数のサンスクリット語の仏教経典を新たにつくりました。それが日本に伝わっている大乗経典です。大乗経典は、後代の人々が新たに考えた宗教書ですので、上座部仏教を信じる人々の多くは、経典としても、ブッダの教えとしても認めていません。大乗仏教の教えはブッダの教えではないという意味で、宗教学的には「大乗非仏説」と呼びます。大乗経典といっても、「般若経」「法華経」「華厳経」「浄土三部経」など膨大な経典群があり、それぞれ独自の世界観を示す宗教書です。

一方、パーリ聖典の内容は、私たち一人ひとりの苦しみを取り除くために必要な知識や方法が、簡素で平易な話し言葉で書かれています。日本語の翻訳では、古めかしく、仰々しい言葉になっているものもありますが、もともとのパーリ語のほとんどは、庶民が話していた話し言葉で記述されています。ブッダはサンスクリット語を理解できるような知的エリートのために法を説いたのではなく、心を浄らかにしたいという意志のある人すべてに開かれた、普通の言葉で語られたのです。

パーリ聖典に書かれている内容は、神話や夢物語はなく、徹底したリアリズムが貫かれていますので、宗教書という感じがしない印象です。私の捉え方では、パーリ聖典は、ブッダによる生き方の具体的な指南書であり、最高の修行のガイドブックであり、完成された「ザ・心理学」なのです。

私は、ある出家修行者の話をきいたことをきっかけとして、パーリ聖典を読むようになり、そこで伝えられているブッダが本当に言ったと思われる教えに触れて、心の底から納得し、歓喜したのです。それまで、心理学、宗教、霊性などさまざまな領域で学び、研究し、修行もしてきたのですが、ブッダの教えほど明快で、曖昧さがなく、神話などで煙に巻くこともなく、もってまわった表現がなく、もっとも重要な心の問題の根本原因と根本解決法がズバリと書かれているものはないと感じたのです。

ミャンマーとタイで出家修行

ブッダの教えは、宗教的ではないだけでなく、哲学でもありません。頭の中で完結する観念や思想ではなく、ブッダの教えは、教えを聞いた後に、よく考え、修行をして自ら確認することによって、はじめて本当に意味をもつ真理(ダンマ)なのです。そして、それを覚るための具体的な方法がたくさん伝えられているので、実践の道なのです。仏教は哲学や宗教ではなく、仏道なのです。

ブッダの教えに感服した私は、自ら修行を実践して確かめるために、ブッダの教えた通りの修行をしてみたいと思いました。よいご縁をいただき、二度にわたって上座部仏教の寺院で短期出家修行をさせていただくことができました。上座部仏教は、現存する仏教の中では、2500年前の初期仏教にもっとも近い仏教です。初期仏教や上座部仏教では、出家したお坊さんのことを比丘《びく》、女性の場合は比丘尼《びくに》と呼びます。

一度目はミャンマーの僧院で(2014年1月~3月)、二度目はタイの森林僧院で(2020年1月~3月)修行をさせていただきました。出家式で戒律を授かり、頭を剃《そ》り、粗末な衣を身に纏《まと》い、上座部仏教のお坊さんとして修行生活を送りました。

私が修行をさせていただいたミャンマーの僧院では、出家修行者は毎日8時間瞑想修行に励みます。その他の時間は朝の托鉢《たくはつ》（鉢をもって村を歩いて食事の布施を受けに行くこと）、読経《どきょう》、そして掃除・水浴び・衣の手洗いなどの身の回りのことだけをする生活を送ります。

出家修行者の生活は、とにかく瞑想の繰り返しで、それ以外はほとんど何もしません。そして所有物は一切ありません。自分の洋服も、お金も一切持ちません。

タイで出家修行中の著者

不思議なことに、このような究極にシンプルで無所有で質素な修行生活が、私の半世紀ほどの人生の中で、もっとも密度が濃く、もっとも心が満たされ、幸福度や満足感が高い体験になったのです。

異次元の喜び

私の日本での生活は、大学での教育、研究や、外部での臨床活動などを行い、仕事に追われてとても忙しいものでした。しかし、忙殺される中でも、やり甲斐《がい》や達成感を味わえることも多く、恵まれた仕事をさせていただいていると思っていました。

しかし、こうした世俗で過ごした長い年月と、ミャンマーやタイで出家修行者として瞑想ばかりして過ごした3ヶ月ずつの時間を比べると、不思議なことに、修行者の生活のほうが中身が濃くて充実していると感じられるのです。

正確にいうと、世俗の生活と、世俗を離れた修行の生活は、次元が異なっていて、単純に比較できるものではありません。どちらも貴重な経験の積み重ねなのですが、より本質的で、より深く優れた幸せと高い密度があるのは、出家生活のほうだと迷いなく感じられるのです。私は、二度の出家生活を体験して、どんなに社会的に成功した人であっても、深い瞑想修行をしている人の深い平安と満足にはまったくかなわないと思いました。ほとんどの方にはなかなか理解し難いことだと思いますが、出家修行を体験した私にはそう感じられたのです。

出家修行の中で、精神が極度に集中し、サマーディと呼ばれる状態に繰り返し入ると、桁違いに心のエネルギーが高まり、なおかつ深い平安に心が満たされます。それを毎日繰り返していると、さらに深く、安定した精神状態になります。瞑想修行に専念しているときの平安は、世俗生活で欲望を満たしたときとは次元の違う深い喜びと充足感があったのです。

離欲の威力を思い知る

なぜこのような異次元の不思議な幸せな体験が出家修行によって得られたのでしょうか。これは後から振り返ってわかったことなのですが、出家修行の生活では、欲から離れているということが大きなポイントだったのです。欲から離れるような仕掛けが、修行生活にはいろいろあるのです。出家者は多くの戒律を守りますので、ほとんどの世俗的欲求を満たすことができない環境に置かれます。お金はもてません、所有物はありません、正午を過ぎたら固形物は食べません、粗末な布を纏うだけで洋服は着られません、異性とふたりきりになることはありません、簡素な小屋で生活します、シャワーもお風呂もありません、私語はしません、テレビや雑誌も見ません……という具合です。私の場合は、飛行機のチケットの確認作業などを除いては、ミャンマーでもタイでも修行中はインターネットにつながることもありませんでした。

自分の欲望を満たせない状況に置かれ続けることによって、次第に欲望は力を失い、気がついたら欲望からかなり自由になれるのです。このような刺激の少ない外的環境と欲があまり生じない内的状況が整うことによって、普段は体験できないような爆発的に深い瞑想ができるようになったのではないかと思います。

瞑想が深まる要因は他にもあるのですが、欲望が頻繁に動き回っている生活では、瞑想の深さにはどうしても限界があるのです。欲望から自由になり、澄んだ心で深い瞑想状態に入ると、世俗的な達成とは次元の異なる、深い満足、至福を味わうことができるのです。

そのような体験をすると、それまで欲にとらわれて一喜一憂していた自分が、哀れにさえ見えてくるのです。覚りを開いた聖者たちは、世俗の人たちをこのように見ていたのだろうと思いました。世俗の生活を送っていた自分が、いつも大小さまざまなことに欲や執着をもっていたので、いつも心が揺れ動き、ジタバタしていたことがはっきりとわかったのです。

世俗の生活で心の自由を得るために

このように、戒律を護持し、所有物もなく、娯楽もなく、衣食住も最低限のシンプルな生活を送り、出家修行者に囲まれて、日々瞑想修行に励むと、心は優れた幸せを味わうことができます。

かといって、読者の皆さまに、ミャンマーやタイに行って出家修行しろというのではありません。そのようなことができる人は滅多にいないでしょう。もちろん、強い向上心、探究心、求法心、菩提心のある方は、ブッダの教えた通りの出家修行をすることができれば、それは素晴らしいと思いますので、可能な方はしっかりと準備を整えて、出家修行をされたらよいと思います。

しかし、大半の方は、仕事や家族があり、欲もすぐには捨てたくない、と思っておられることでしょう。この本の第II部では、そのような方が、世俗的な生活を送りながら、少しでも欲から自由になる方法を提案します。これが唯一の方法というわけではありませんが、出家修行やブッダの智慧《ちえ》を参考にしながら、できる範囲で取り入れていただければ、益があることを実感されると思います。

欲から離れるための実践をすることによって、欲に支配されない、本当に自由で解放された生き方とはどのようなものかを垣間見て、身をもって理解できると思います。もしもそのような清らかな生き方の喜びを少しでも体験して味わうことができたら、著者としては大変うれしいことです。

なお、上座部仏教の出家修行の実際についてご関心のある方は、拙著『ブッダの瞑想修行：ミャンマーとタイでブッダ直系の出家修行をした心理学者の心の軌跡』（サンガ新社、2023年）をご参照下さい。私の実際の修行体験や、そこで感じたことや気づいたことをあるがままに書いてありますので、修行を疑似体験していただけるのではないかと思います。

また、タイで私がお世話になり、一緒に修行をしてくださった日本人比丘のインタビュー動画を公開していますので、よろしかったら「こよなき幸せになる最強ダンマチャンネル」(https://www.youtube.com/@dhammarato) をご覧下さい。

このような書籍や動画を通して、仏道修行とは何か、具体的にイメージしていただけると思います。『ブッダの瞑想修行』の巻末には、初期仏教の基本用語の解説もつけてありますので、ブッダの本当の教えとは何かということも学んでいただけるとさらに実り多いと思います。

欲から自由になる実験実習の勧め

欲から離れた喜びを知ると、欲の正体がはっきりと見えてきます。欲に支配されているときには、それがよく見えないのです。ジャングルの密林の中を歩いているときには、ジャングルが見えないのと同じです。ジャングルを離れた高い山に登れば、ジャングルがよく見えるようになります。欲の中にいるときは欲の正体が見えず、欲から離れると欲の正体がわかり、欲から自由になるのです。

欲との適切なつき合い方を知り、身につけると、生きる苦しみを減らし、幸せが増すことを実感できるでしょう。これは、知的な学習だけでは、「わかったつもり」にしかなりません。勉強のできる頭のよい人ほど、「わかったつもり」になり、本当はわかってないことに気づきにくいものです。

欲について知的にある程度理解したら、次は実践していただき、知識を「身につけて」いただきたいのです。そうすればするほど、軽やかな生き方になり、身も心も軽くなり、苦しみの少ない生き方になります。人間関係の痛みや苦しみも軽減されるでしょう。

欲の少ない生活の喜びを体験すると、ブッダの教えもよく理解できるようになります。欲を中心に生きている限り、どれだけ欲を満たすことに成功したとしても、心は縛られたままなのです。そこには必ず苦しみが伴いますし、欲によって目が曇らされているので、智慧を得ることもできません。そのような状態では、ダンマを理解できず、ブッダの言葉の意味も心に入らないのです。

なかなか信じられないという人もいると思いますが、欲を手放すプログラムをこれから紹介しますので、実験実習のつもりで、あるいはゲームを楽しむようなつもりで実践して、その変化を楽しんでみてください。きちんと実践すれば、必ずよい結果を得られると思います。

II

欲との賢いつき合い方【実践編】

○○
したい
○○
ほしい
もっと
○○..
欲望ジャングル
あれが
欲の正体か
...

5
章

掃除

心の汚れとはなにか。
自分のものに執着することや
他人のものに執着することは心の汚れである。
（中略）
それゆえ、比丘《びく》は、
「自分や他人のものへの執着は心の汚れである」と知り、
自分や他人のものへの執着を心の汚れとして捨てる。

── 片山一良訳（一部拙訳）、MN7、Vatthupama Sutta ──

いらないものを捨てる

第Ⅰ部では、欲望についてさまざまな角度から学んできました。欲にはさまざまな性質、強さ、種類、法則があり、欲が暴走すれば、ひどく有害な影響をもたらすことがあること、そして慈悲心、向上心、求法心、菩提心は肯定的な影響をもたらすことがあること、そのために欲をよく知り、よく観察し、欲と上手につき合うことによって、幸せになれることなどを学びました。これをしっかりと理解することだけでも、生き方の質は向上すると思います。

第Ⅱ部では、さらに、欲と上手につき合うための簡単で具体的な方法をお伝えします。自分に合った方法を見つけて実践してもらえれば、有害な欲から解放され、身軽で美しい生き方ができるようになるでしょう。

はじめの方法は、誰でも知っている「お掃除」です。

掃除というのはいらないものを捨てるという行為のことです。ゴミや塵《ちり》はいらないですね。だから捨てるわけです。物理的に不要なものを捨てることは、心の中の不要なものを捨てることと重なるのです。心の執着を捨てるよりも、ものを捨てるほうがわかりやすく簡単です。ですから、まずは不要なものをどんどん捨てるお掃除をお勧めします。

毎日1分間掃除をする

掃除というのは、はじめるのがおっくうであることが多いものです。怠け者の私は、生活が忙しくなるとついつい掃除をさぼりがちです。

ですので、忙しい人にもできるように、簡単な目標をたてるとよいと思います。「1日1分以上掃除をする」と決めるとよいでしょう。

1分であれば、すでにやっている方も多いと思いますし、忙しくても、私のような怠け者でもできると思います。目標は簡単なものに設定して、達成感を味わいやすくすることが、習慣化するコツです。

床に散らばっているものがあったら片付けるのもよいでしょう。用を足した後に1分だけトイレを掃除するのもよいでしょう。お皿を洗った後にシンク周りを磨いてみるのもよいでしょう。床に埃《ほこり》があったら掃除機をかけたり拭いてみるのもよいでしょう。窓が汚れていたら、布で拭いてもよいでしょう。1分だったら簡単ですね。

掃除は達成感と集中力を得やすい

1分やるだけでも、きれいになると気持ちがよいものです。そして今日は1分間掃除をしたという達成感を味わうことができます。簡単です。

達成感というのは満足の心です。欲ばりとは反対の心ですね。欲ばる心は、現状に対する不満や欠乏感でもあります。ですので、満足を味わうと、欲ばる必要がなくなるのです。

掃除というのは、簡単に達成感と満足感を得やすい行為です。だから掃除は、欲ばらないための簡単な練習として最適なのです。

汚れを見たらパッと掃除をする習慣は、心の欲に気づいたらパッと手放すことにもつながります。

1分間掃除をすると、ものたりないな、もっときれいにしたいという思いが湧くかもしれません。それは建設的な欲ですので、時間が許すならば、プラスアルファとして、もっと掃除をすればよいのです。

掃除というのは、集中力が出やすい行為です。一生懸命掃除をしていると、瞑想をしているような集中した心になりやすいので、心もスッキリとしてきれいになりやすいのです。

大物を断捨離する

掃除には手順があります。部屋が散らかっていたら掃除機をかけることもできませんので、まずは床に置いてあるものや、大きなゴミを片付けたり、処分することが必要です。

自分の部屋が汚部屋になっていたり、自宅がゴミ屋敷になっている人は、まずは大きなものを片付け、捨てるだけでも大変です。まずは床がたくさん見えるようにする作業をしましょう。

不要な家具、壊れた家電、見ることのない書類、着ることのない服、使うことのない玩具や趣味の道具、読むことのない雑誌や本、埃をかぶった健康・美容器具……このようなものはどんどん捨てていきましょう。価値がありそうなものなら、リサイクルショップに売ってもよいでしょう。

あまりにも不要なものがたくさんあって途方に暮れてしまう方は、家事代行業者や、何でも屋などのプロに依頼をして、まずは大物を片付けましょう。

脱ぎ捨てた衣類、すぐには使わない小物類、読みかけの書類や冊子、食べかけの飲食物、埃をかぶった飾りもの、こういったものはできるだけ処分するか、適切な場所に片付けてスッキリさせましょう。

ごちゃごちゃした部屋というのは、そこにいるだけで心はストレスを感じます。汚部屋やゴミ屋敷に住んでいる人の心は、たいていは心もごちゃごちゃなのです。

汚部屋にいてストレスを感じると、そのストレスを解消するために、さまざまな欲望を満たしたいと思うようになります。そうすると、さらにいらないものを集めて、ますます汚部屋になり、ますますストレスが増える、という悪循環に陥ります。ゴミ屋敷まっしぐらです。

部屋が汚い人は、必要なもの以外は、どんどん断捨離しましょう。不要なものがなくなると、ものと心はシンクロ（同期）するので、心がスッキリして、貪る心もなくなっていくのです。

断捨離や片付けを習慣的にしていると、不要なものを衝動的に買わないようになります。バーゲンセールをしていたり、商品を魅力的に見せる広告を見ても、本当に必要なのかどうか、冷静に考えるようになります。手に入れた場合に、片付けたり捨てたりする手間がかかることがすぐに想像できるようになるからです。このように、大物を断捨離すると、新たな物欲を抑制する効果もあるのです。

心の塵垢も掃除する

不要な大物を処分し、あまり使わない大物を片付けるだけでも、部屋も心もかなり変わったのではないかと思います。

次にやることとは、掃除機をかける、掃く、拭く、磨く、洗う、などの作業です。これらの作業をするときには、動作の身体感覚によく気づきながら、丁寧にやると、どれも心が集中し、安定してくることに気づくでしょう。掃除は瞑想に似ているのです。

埃や塵がなくなり、さまざまな汚れが落ち、磨いてピカピカになると、とても気持ちがよいですね。物理的な掃除をすることで、自分の心の塵や垢《あか》が落ちていることを感じてみてください。部屋の掃除は心の掃除なのです。

何かに執着して心がとらわれている人は、床などにこびりついた汚れを落としながら、自分の心のとらわれも一緒に洗い流すつもりで掃除するとよいのです。

ものがよく片付いて、塵がなく、汚れがなく、磨かれた部屋にいると、それだけで心も満足するのです。そうすると貪る必要がなくなるのです。貪らない心は自由なので、心地がよいのです。そのような明るい心でいると、よい現実が生じやすくなります。繰り返しますが、心と物理的な世界はシンクロします。心の気づきをしっかりと保ってしっかりと掃除すれば、それだけ大きな効果があります。それを体験し、できる範囲で習慣化しましょう。

掃除する場所

掃除する場所はたくさんあります。家の中だけでも、リビング、寝室、キッチン、洗面所・風呂、トイレ、その他の部屋、収納スペースなどがあります。バルコニー、庭、車庫、納戸、物置……などです。

見える部分の掃除が行き届いたら、見えにくい部分も掃除していきましょう。照明、換気扇、押し入れの中、クローゼットの中、タンスの中、本棚や戸棚の中、下駄箱の中、冷蔵庫の中、机の引き出しの中、鞄のポケット、パソコンや電子端末のアプリやファイル……なども片付けて、いらないものを処分するとよいでしょう。あまり使っていなくて捨てがたいものは、ご縁に感謝して捨てましょう。

清潔に執着しない

正直にいうと、私はそれほど細かく掃除はできていませんが、時々戸棚の中や鞄の中を整理して掃除するだけでも、心が軽くなるのを感じます。

自己弁護ではないのですが、完璧に清潔であることにこだわるのもよくありません。掃除をすることはよいことですが、行きすぎた潔癖も執着なのです。

部屋や家とそこに住む人の心は共鳴します。汚部屋やゴミ屋敷に住んでいる人は、しばしば欠乏感、淋《さび》しさ、不満足を感じています。それを補うために、ものがいっぱいに溢れているのです。あるいは、生きる気力を喪失していて、片付ける気力がなくなっている場合もあります。ケースバイケースなので一概にはいえませんが、部屋は心の鏡であり、心は部屋の影響を受けているのです。今の部屋が、自分の心の反映なのだと考えると、納得できるのではないでしょうか。

塵ひとつ落ちていないと嫌だという潔癖症の人は、こだわりが強く、汚いものに対する嫌悪感が異常に強いのかもしれません。完全に清潔であることにこだわれば、心は自由さを失い、かえって縮こまってしまいます。

無理をせず、適度な掃除をするのがよいのです。それぞれのライフスタイルのなかでできる範囲で、「1日1分でも掃除をする、長くやる分には構わない」という方針で、リラックスして生活すれば十分ではないかと私は思います。

生きることは掃除をすること

物理的空間は放っておけば乱雑になっていきます。それは、宇宙は時間とともにより無秩序になっていくというエントロピーの法則です。掃除をするというのは、ある意味でこの法則に抗《あらが》うことなのです。ちょっと気を抜けば、すぐに部屋は乱雑になります。数年間放置すれば、カビが生え、虫や動物が住み着き、ゴミ屋敷になってしまいます。庭は落ち葉や雑草で一杯になります。

人間の身体も、風呂やシャワーで洗わなければ、すぐに垢だらけになり、汚物の塊になってしまいます。掃除をしたり、身体を清潔に保つということは、乱雑化していく宇宙の働きに対抗して、生きている限りずっとやらなければならない作業なのです。生きるということは、エントロピーの法則に逆らうということなので、苦しいことなのです。無秩序になろうとする働きに対抗して、秩序を保とうとしているからです。生きるとは、つねに掃除をして秩序を保とうとすることなのです。

一方、死ぬことは、エントロピーの法則に適《かな》った自然なことです。しかし、生きていたいという生存欲がある限り、死ぬことも苦しいのです。

生きることも死ぬことも苦しいのです。この根本的な苦しみを解決するためには、修行を完成する以外に方法はありません。医学もテクノロジーも宗教も、苦しみの根本解決はできないでしょう。修行を完成するというのは、私たちの心にある塵や垢を完全に掃除することなのです。

自分の身体も滅する

私たちの身体はおよそ38兆個の細胞から成り立っているといわれています。毎日のように多くの細胞は死を迎え、それが垢となって排出されています。そして新しい細胞が次々と生まれています。生命とは、生まれて死ぬ、自己組織化しては崩壊するものです。生成されては滅してゆく、このふたつの作用が拮抗《きっこう》しながら、生滅を繰り返し続けます。

生命には安定ということがありません。つねに不安定であり、無常なのです。最後には、私たちの身体全体も滅します。宇宙によって掃除され、死亡し、片付けられ、土に還るのです。生存欲にとらわれた生命にとっては受け入れがたい事実ですが、これが無常という宇宙法則なのです。この事実と向き合えば、生きることへの執着も弛められ、1日1日を大切に感謝して生きられるようになるのではないでしょうか。

煩悩は落ち葉のごとし

タイの僧院で出家修行させていただいたときには、毎日1時間以上掃除をしていました。私が滞在した1月から3月の時期は、タイでは乾期にあたるので、毎日大量の枯れ葉が落ちます。木々が生い茂る広い境内を竹箒《たけぼうき》で掃くのですが、風がビュッと吹くと、すぐにまた落ち葉だらけになってしまいます。掃除は終わりのない作業なのです。

しかし、身体の感覚に気づきを保ち、呼吸を整えて、一回一回落ち葉を払っていくと、掃除も瞑想修行のひとつだと気づきます。

そして次から次へと落ちてくる枯れ葉は、あたかも私の心の中に次々と湧いてくる煩悩であるかのようにも思えました。落ちたら掃く、落ちたら掃く、ただそれの繰り返しです。同じように、心の中に欲や怒りが生じたら、それに気づいて、とらわれないように注意して、ただ捨てていく。このような瞑想修行と、掃除はとてもよく似ているのです。このように考えると、掃除は心の塵を払う修行そのものになるのです。

掃除は場も心も浄める

私の自宅は、富士山のすぐ近くの山中湖村の山中にある法喜楽堂という瞑想道場になっています。こちらで何度もリトリート（瞑想集中合宿）を開いているのですが、参加者に、朝10分から15分くらい、気づきを保ちながら掃除をしてくださいとお願いをしています。そうすると、参加者はいつも時間をオーバーして、熱心に掃除をしてくださいます。瞑想をたくさんしているので、よく集中できるのかもしれません。参加者が集まってくる前に、道場の掃除をしてお迎えするのですが、リトリートを行うと、始まる前より道場はたいていきれいになっています。とてもありがたいことです。

お寺の境内でも、私の道場でも、このように熱心に瞑想的な意識で毎日掃除していると、場が浄まってきます。場の空気が変わってきて、いるだけで清々《すがすが》しく気持ちがよい場所になるのです。そうすると、ますますそこでは瞑想がしやすくなります。瞑想をして欲が少なくなると、何も貪らなくても心は平安で、満ち足りるのです。ですので、掃除は欲ばらない最良の方法なのです。

6
章

シーラ

貪っている人々のあいだにあって、
患《わずら》い無く、大いに楽しく生きよう。

貪っている人々のあいだにあって、
貪らないで暮らそう。

── 中村元訳、KN、Dhammapada ──

心を守り解放する戒律

戒律という言葉を聞いたことがあるでしょうか。仏道修行の基礎でありファーストステップは戒律にあります。

戒律というと、古くさく、形式的で、堅苦しいものだと思う方も多いでしょう。私も以前はそのようなイメージがありました。しかし、実際にミャンマーやタイで得度し、戒律を守る修行生活を送ってみたところ、堅苦しいどころか、心が安定し、瞑想が飛躍的に上達するという体験をしました。このような体験をしてはじめて、戒律は、私たちを不自由に縛るものではなく、むしろ煩悩が漏《も》れ出すことから私たちを守り、煩悩から解放してくれるものであることが理解できたのです。

つまり、戒律は古くさい無意味で形式的なルールではなく、心を守り解放するための合理的なものなのです。

シーラとウィナヤ

戒と律は似ているのですが、少し意味が異なっています。戒というのは、シーラというパーリ語なのですが、守ったほうが苦しみがなくなりますよ、成長しますよ、覚りに近づけますよとお釈迦様が教えてくださった、努力目標のようなものです。

一方で律というのは、仏教の出家修行者は全員守らなければならないルールです。ルールなので、違反した場合には、相応の罰則が定められています。重大な違反があった場合には、無期限で僧侶の資格が剥奪される厳しいものです。上座部仏教の比丘(出家修行者)は、227条の律を受持していて、月に2回、パーティモッカと呼ばれる場で律を守れているかどうかを確認します。ですので、お金を貯《た》めたり、異性と性的関係をもったり、午後に食事をしたり、家庭をもったり、お酒を飲んだりする比丘は存在できない仕組みなのです。

律があることによって、比丘たちは煩悩に大きく振り回されることがなくなり、修行に専念することができるので、意味のある修行ができる条件が整うのです。

写真上：チェンマイの村で托鉢をする日本人比丘と布施をする村人
写真下：チェンマイの村で托鉢をする出家修行中の筆者

それだけではなく、律を守ることによって、教団の堕落が抑止されています。2500年もの間、比丘たちは世俗的な仕事をせずに修行に励んでいるだけにもかかわらず、今日でも人々から厚い信頼と尊敬を集め続け、絶え間ない自発的な布施に支えられているのは、律の存在なしには考えられません。

私はミャンマーとタイで出家修行を体験し、修行における律の重要さを痛感したのです。タイでは、毎朝日の出とともに、裸足で5キロ先の村まで鉢を持って歩いて行

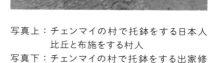

きました。この村には、2階建ての家は一軒もなく、藁葺き屋根の家屋も多く、質素な平屋だけの集落です。このような決して裕福でない質素な生活を送っている多くの人々が、毎朝、ご飯を比丘のために用意して布施をしていました。あっという間に鉢は一杯になるのです。

今だけ、金だけ、自分だけという貪欲《とんよく》に満ちた先進国とは真逆の世界がタイの貧しい村にはありました。その姿を私は決して忘れることができません。このような信頼と敬意に満ちた世界は、比丘たちが律を守っていることが欠かせない要因になっているのです。

欲ばらないための五戒

出家者は本格的な修行に打ち込むために227もの厳しい律を守らなければなりませんが、私たちのような世俗の生活をする一般人に対しては、お釈迦様は5つの戒を守ることを勧めました。5つの戒を守ることによって、一般人でも心が安定し、修行するための基礎ができるのです。

五戒の内容は次の通りです。

一、生きものを故意に殺さない　「不《ふ》殺生《せっしょう》戒《かい》」
二、与えられていないものをとらない　「不《ふ》偸盗《ちゅうとう》戒《かい》」
三、不倫行為をしない　「不《ふ》邪淫《じゃいん》戒《かい》」
四、嘘をつかない　「不《ふ》妄語《もうご》戒《かい》」
五、穀物酒や果実酒など意識を酩酊《めいてい》させるものを控える　「不《ふ》飲酒《おんじゅ》戒《かい》」

当たり前のことだと思われた方もいるかもしれません。しかし、本気で守ろうとするとわかってくるのですが、五戒は非常に深い内容なのです。

五戒は、仏教徒が守るべき基本的な戒めです。しかしこれは仏教徒だけのものではなく、宗教とは無関係に、人が幸せになるための普遍的な法であるように思われます。

五戒は、異常な欲や過剰な欲を抑止するための優れた方法でもあります。ひとつひとつご説明いたします。

生きものを故意に殺さない［不殺生戒］

生きものを殺したい、破壊したい、という欲望は悪い欲望です。このような欲望を心の中に抱くだけでも、それは悪業となり、自分を不幸に導くことになります。

殺したいと思うだけでも悪業なのですが、それを言葉に出せば、さらに大きな悪業になります。「死ね」「消えろ」という言葉を浴びせられたことが、消し難い心の傷になる人は少なくありません。小学生や中学生のときにいじめられて、「死ね」と繰り返し言われて、大人になってからも精神障害になって苦しみ続け、相談に来られた方に私はたくさんお会いしています。

殺意や殺意のこもった言葉だけでもひどい悪業なのですが、実際に殺してしまえば、それは殺害業といって、非常に重い悪業になります。やがて自分も殺されるか、それに相当する苦しみを味わうというのが、業の法則です。これは宇宙の法則なので、人間が介入できることではありません。

生きものを故意に殺さないというのは、第一の戒なのです。

すべての生命は殺されたくない

私は殺されたくありません。「死ね」「消えろ」と言われたくありません。殺意を抱かれたくもありません。このようなことは、すべて耐えがたい苦痛です。皆さんはいかがでしょうか。

こう思うのは私だけではないはずです。読者の皆さまもきっと同じではないでしょうか。読者の皆さまだけではなく、ほとんどすべての人間は同じだと思います。

人間だけではありません。人間に食べてもらえるので殺されて幸せだという動物がいるでしょうか。人間の医学の発展のために実験動物として殺されて幸せだと思う動物がいるでしょうか。宗教儀式の生《い》け贄《にえ》として殺されるから幸せだと思う動物はいるでしょうか。ペットとして売れ残ったから殺されるのは当然だと思う動物はいるでしょうか。

一匹たりともいないのではないでしょうか。殺されそうになれば、牛、豚、鳥、犬、猫、魚など、すべての動物は、最高の恐怖を感じて、全身全霊で逃げようとします。

虫も同じです。ゴキブリを殺そうとしたら、ゴキブリは必死に逃げます。蜂を殺そうとすれば、蜂は命をかけて攻撃を仕掛けてきます。どんな虫も殺されたくないし、必死で生きています。

すべての生命は、殺されたくないのです。殺されることはひどい恐怖であり、最高の苦痛なのです。

他者に与えた苦痛は自分に返ってくる

にもかかわらず、故意に生きものを殺したならば、それは大変な悪業になります。お釈迦様が覚った宇宙の真理（ダンマ）は、私たちが外に働きかけたことは、巡り巡って自分に必ず戻ってくるということです。他者に与えた苦痛は、いつか必ず自分に返ってきます。自分が殺されたくなければ、生命を殺さないことです。

社会的に認められている合法的な殺害であっても、宇宙の法則をすり抜けることはできません。みんながやっているから大丈夫という保証はありません。

人間がつくった法律ではなく、宇宙の法のことを考え、よく考察してみてください。

多くの人間は宇宙の法を知りません。ダンマを聞いてもほとんどの人は真剣に考えることもなく、適当に受け流すことしかできません。これを無智といいます。

今も殺人、虐殺、戦争、動物を食肉目的などで殺すことが毎日大量に行われています。見えにくい形での殺人や戦争も起きています。生命にとって最大の恐怖と苦痛の叫び声が上げられているにもかかわらず、殺害は収まることがありません。殺害の実行者は、いずれ同じ苦しみを自分自身が味わうことによって、自分がやったことをありありと知るのです。そのときになって後悔しても、もう手遅れで、誰も助けることはできません。

不殺生戒を守りましょう。不殺生戒をいつも意識することで、殺すことがなくなり、殺意のある言葉を使わなくなり、殺したいという最悪の欲望からも自由になります。殺意が湧いてしまったとしても、言葉に出したり、実行しないための抑止になります。これは私たちが不幸に陥らないために、とても大切な戒なのです。

害意を慈悲心に置き換える

生きものを故意に殺さないという不殺生戒は、ポジティブな言い方にすれば、あらゆる生きものに対して慈悲の心をもとうということです。慈悲の心があれば、殺したい、傷つけたい、害を与えたいなどとは決して思わないからです。

殺すことは、殺されるほうも、殺すほうも、ひどい苦しみを味わいます。

虫を殺すとき、動物を殺すとき、もし自分が虫や動物だったらどのように感じるのか想像してみましょう。

慈悲の心は、慈悲をもつ人も、慈悲を受け取る人も、ともに幸せになります。同じ心のエネルギーを使うのであれば、どちらがよいかは、一目瞭然ですね。殺意と、慈悲心は両立しません。どちらかがあるときには、どちらか一方は消えてしまいます。ですので、不殺生戒をより発展的に守ろうとするならば、危険な殺意を抱かずに、慈悲の心をもてるように、修行すべきなのです。

なお、ブッダの弟子である出家修行者（比丘）は、殺生が律によって禁止されています。もしも比丘が故意の殺人を犯したら、パーラージカといって極重罪に該当し、僧侶の資格は剥奪され、生涯にわたって再び出家することはできなくなります。

与えられていないものをとらない［不偸盗戒］

皆さまは自分のものを盗まれたことはありますか。私は何度か経験があります。

高校生のとき、スポーツタイプのカッコイイ赤い自転車を親に買ってもらい、それに乗って最寄りの駅まで通学していました。お気に入りの自転車だったのですが、自転車通学をしはじめて1ヶ月くらい経ったある日、学校の帰りに駐輪場に戻ってきたのですが、私の自転車が見当たりません。置き場所を間違えたのかもしれないと思い、駐輪場の中を隅から隅まで歩いて見回したのですが、どこにも見つかりませんでした。頭が真っ白になり、途方に暮れたまま、盗まれたらしいと認識して、交番に寄って被害届を出しました。結局その後も、自転車が戻ってくることはありませんでした。通学に必要な実用品であり、しかも愛用していた自転車が盗まれたのは、なんともくやしい思いで一杯になったのをよく覚えています。

私の経験は、命を盗まれたわけではありませんし、強盗に襲われたわけでもなく、ものが盗られただけなので、不幸中の幸いだったと思います。それでも、ものが勝手に奪われるだけでも、結構面食らうものです。

昨今は、高齢者の家に強盗が押し入って金品を盗んだり、クレジットカードやインターネットバンキングの番号やパスワードなどを盗んで、勝手に大金がなくなっているケースも多いという報道を聞きます。個人情報を盗んで売買するというのも、被害が非常に大きくなる可能性がありますので、悪質な行為です。

このようなことは、法律でも禁止されているだけではなく、宇宙の法に照らしても悪行為なのです。

自己中心的な欲望に気づく

盗むというのは、他人の所有物やお金などを欲しいという邪《よこしま》な欲を抱き、許可を得ることなく、勝手に取ってしまうことです。自己中心的で下劣な行為です。

何かを盗まれた人は、自転車を盗まれた高校生の私のように、面くらい、不便な思いをします。ですから、当たり前のことですが、与えられていないものを勝手に取ってはいけないのです。

盗んだ人は、盗まれた人と同じ苦しみをいずれ味わうというのが業の法則です。多くを奪った人は、いずれ多くを奪われます。そのときになって後悔しても、遅いのです。

不偸盗戒を心に具えている人は、他人のもちものを欲しいという貪りの心が生じたときに、「これは悪い心である」「貪欲が生じている」「煩悩が生じている」と気づくことができるようになります。そして、盗む行為に至る前に歯止めをきかせることができるでしょう。

「手に入れたい」から「与えたい」に

火事や災害があったときに、混乱に乗じて財産やものを盗む人がいます。いわゆる火事場泥棒です。一方で、被災した人に足りないものを与える人もいます。前者は欲にとらわれた下劣で卑しい人であるのに対して、後者は慈悲の人です。

卑しい人は、他人のもちものをうらやみ、隙があれば手に入れようとチャンスをうかがっています。

慈悲の人は、足りないものがあって困っている人がいたら、与えることができるチャンスをいつも捜しているのです。

卑しい人はますます卑しく貧しく不幸になり、慈悲の人はますます慈悲が強く豊かに幸せになるでしょう。

これは業の法則なので、間違いなくそうなるのです。理想論ではなく、実際にそうなることを継続的に実践して自ら確かめてみてください。

なお、ブッダの弟子である出家修行者（比丘）は、盗む行為が律によって禁止されています。もしも比丘が一定以上の盗みを働いたら、パーラージカといって極重罪に該当し、僧侶の資格は剥奪され、生涯にわたって再び出家することはできなくなります。

不倫行為をしない　［不邪淫戒］

不倫行為とは、結婚している人が配偶者以外の人と恋愛関係や性的関係をもつことです。つまり、愛欲を抑えきれなくなり、配偶者や家族に隠れて親密なメッセージのやりとりをしたり、秘密のデートや旅行に行ったり、肉体的な関係をもつなどすることです。

不倫行為がなぜ倫理にもとるのかといえば、配偶者や家族の心を傷つけ、ひどく苦しめるからです。不倫を巧妙に隠していたとしても、パートナーや家族は微妙に察知していることが多く、気づいていないフリをしていても疑心暗鬼になり、深く傷ついていることも少なくありません。

不倫が発覚すれば、さまざまな深刻な現実的問題が起こります。パートナーからの信頼を失い、関係が破綻し、二度と修復ができない場合も多々あります。日本では、不倫は離婚の正当な理由として認められていますので、配偶者が希望をすれば、そのまま離婚が成立する可能性が高いです。さらに、配偶者や不倫相手から慰謝料を請求されれば、多額の支払いの義務が課される可能性があります。

子どもがいる場合には、家庭が不和になり、子どもの心を深く傷つけます。不倫をした人は、親権争いでも不利な立場に置かれるので、子どもと会えなくなる可能性もあります。

不倫をすれば、身内の信頼関係が破綻するだけではなく、友人、地域、職場、社会での評判も悪化し、キャリアに悪影響を与えることもあります。
日本では有名人の不倫のニュースがしつこいくらいにマスコミで繰り返し報じられます。芸能人はイメージが商品ですので、不倫が発覚すると、商品価値を失います。その結果、多くの仕事を失い、多額の賠償金が発生するなど、一般人よりも大きなダメージを受けます。

仏教では、保護者の管理下に置かれた子どもと性的関係をもつことも、不倫行為に含みます。子どもは大人から性的な関係を強要されると、拒むことができないことが多いうえに、生涯にわたってトラウマとなって悩まされたり、自尊心が破壊されたり、精神疾患を発症するリスクがあります。ですので、子どもに対する性行為は、親であっても、誰であっても、決して許されない重大な悪業なのです。

このように不倫行為は、愛欲に負けた自己中心的で下劣な行動であり、多くの人々に深刻な悪影響を与えるため、慎しむべきなのです。

慈悲がないから不倫をする

不倫行為をするということは、愛欲に支配されてしまい、それによって傷つく人に対する思いやりが欠如しているということです。愛欲は、快楽欲であり、性欲であり、しばしば独占欲を伴う強い執着です。慈悲とは明らかに異なる感情です。もっとも根深い煩悩のひとつです。

慈悲心が大きい人は、他者を深く傷つける不倫行為は自然としなくなります。慈悲によって歯止めがかかるのです。

もしもパートナー以外とどうしても親密な関係になりたいのであれば、パートナーと話し合って、関係を清算してからにすべきです。結婚するということは、愛欲によって自由に性的な関係を持つことを放棄するという窮屈な契約なのです。これが守れないと感じるならば、はじめから結婚しなければよいのです。

「愛してる」と人が言うとき、はたしてそれが煩悩の愛着・愛欲・性欲・支配欲で言っているのか、慈悲で言っているのか、見分ける必要があります。

不邪淫戒を心に留めておくことによって、不倫による大きな不幸を避けることができます。そして、煩悩の愛着・愛欲と、慈悲を見分ける目をもち、慈悲を大きく育てるように心がけると、幸せになる道を進むことができると思います。

なお、ブッダの弟子である出家修行者（比丘）は、一切の性行為が律によって禁止されています。もしも比丘が性的交渉をしたら、パーラージカといって極重罪に該当し、僧侶の資格は剥奪され、生涯にわたって再び出家することはできなくなります。

嘘をつかない［不妄語戒］

あなたは嘘をついたことがありますか？「ありません」と答える人は、おそらく今、また新しい嘘をついたのではないでしょうか。そのくらい私たちは、よく嘘をつきます。

嘘をつく理由は、ほとんどの場合、欲にあります。

「前の仕事では大きなプロジェクトの主任だった」、「若い頃、不良に囲まれたけど、俺ひとりで10人をやっつけてやった」、「今活躍している○○は、私が育ててやった」、などという類いの誇張された武勇伝は、しばしば自分を実際より大きく見せたい、尊敬されたいという承認欲求や、自己顕示欲による嘘の場合が多いでしょう。

実際は寝坊しただけなのに「遅れてごめん、交通渋滞がひどかった」と言ったり、さぼっただけなのに「パソコンが壊れてしまったのでレポートを提出できませんでした」などと言い訳したりするのは、非難されたくない、自分の非を認めたくないというエゴによって事実をねじ曲げる嘘だといえます。

本当はそう思っていないのに、「その服とっても似合ってますよ」と言う場合は、店員であれば服を買ってもらって利益を上げたいという欲による嘘になります。店員ではないのにそう言うならば、持ち上げてご機嫌を取って、気に入られたいと思って嘘をついている可能性があります。

行きたくないイベントに誘われたときに、時間は空いているのに、「ちょっと予定があるので参加できません」と言う場合は、角が立って険悪になりたくない、嫌われたくないという思いで嘘をついているかもしれません。

このような嘘は、承認欲求、非を認めたくないという自己正当化の欲、関係性を悪くしたくないなどの欲から生じています。

このくらいの嘘であれば、短期的にはうまくいったように見えることも多く、ただちに大きな問題には発展しないかもしれません。しかし、人というのは案外、騙されたように見えても、嘘くさいと直観的に感じるものです。

小さな嘘であっても、勘のいい人の信頼はそれで損なっているものなのです。嘘を繰り返していると、信用されない人になってしまうのです。

ですので、嘘をつかないという不妄語戒を受持するとよいのです。

嘘は嘘を呼ぶ

行きたくないことへの誘いがあったときに、「その時間は予定があるので参加できません」と嘘をつくことは、相手を傷つけないように配慮しているのだし、社交辞令としてよいのではないかと思う人もいるでしょう。

しかし、「いつだったら時間が空いていますか」と言われてしまったらどうでしょう。そこであたふたして口ごもれば、この人は嘘をついて断っていたのだなとすぐにバレてしまいます。配慮していたはずだったのに、むしろ不快感や不信感を強めてしまうでしょう。

あるいは、「どんな予定が入っているのですか」と尋ねられたらどうでしょう。焦って適当な予定をでっち上げて、「家で母親の介護をしなければなりません」などと口からでまかせを言ってしまうかもしれません。それを真に受けられて、「お母様はどんな状態なのですか、私も母の介護で大変なんですよ」などと聞かれたら、さらに作り話を続けなければならなくなり、嘘に嘘を重ねていくことになります。

そしてそのような嘘をついたら、今後も長期にわたって話が矛盾しないように気をつけて、嘘の物語を守り続けなければならなくなります。そこまで頭を使って作り上げた話が嘘だとバレたときには、もはや完全に信頼を失ってしまいます。

はじめから、「誘ってくれてありがとう、でも私は参加しません」と嘘をつかずに正直に言っておけば、このような事態にはならないはずです。誘いを断っただけで相手が怒るのであれば、そのような人とあえて仲良くなる必要はないのではないでしょうか。

小さな嘘でも、つじつまを合わせるために、嘘を重ねなければならない状況に追い込まれることがあります。まともな人であれば、たくさんの嘘をつけば罪悪感を感じ

るでしょうし、自尊心を保てなくなります。嘘をつく人は、自信をもてなくなり、堂々としていられなくなるのです。

「嘘も方便」という言葉がありますが、お釈迦様はこれを認めていません。嘘は嘘を呼び、自分にも他人にも、その関係性においても、さまざまな悪影響をもたらす可能性があるからです。このことをよく考察してみてください。

ですので、いかなるときも嘘をつかないという不妄語戒を受持するとよいのです。

自分を守るための嘘

こんな話をご存知の方も多いと思います。

ある日、腹を空かせた狐が、ぶどうの木にたくさんの美味しそうなぶどうが実っているのを見つけました。狐はそのぶどうを取ろうとして何度もジャンプしましたが、高いところにあるのでどうしても届きません。最終的に狐はぶどうを取ることをあきらめ、こう言いました。「あれは酸っぱいぶどうなんだ。不味《まず》いぶどうなんて食べてやるものか」と。そして、何も得られずにその場を去りました。

有名なイソップ寓話《ぐうわ》ですね。この狐さんは、自分の能力の低さや失敗を受け入れることができず、自分を正当化し、自分のプライドを守るために、対象を貶めたり、価値のないものだと主張しているのです。エゴを守るための、負け惜しみの嘘をついたのです。

精神分析学では、これを合理化という防衛機制として説明しています。自分にとって都合の悪い事実があるときに、自分が傷つかないで済むように、相手を貶めて、合理的と見えるストーリーをでっち上げるという心の働きです。

このような合理化によるでっち上げはよくあるのではないでしょうか。たとえば、好きな人に振られた人が、「あの人は性格が悪いダメ男だから、つき合うのをやめた」と言ったりします。

希望する就職ができずに選考に落ちた人が、「あの会社はブラック企業だから入社しなかった」と言うこともあります。

完全に負けているライバルに対して、「あんなことをしてまで私は勝ちたくない」と言うこともあるでしょう。

これらはいずれも負け惜しみの可能性があります。欲を満たせない悔しさや屈辱を覆い隠し、自分は正しくて、負けていなくて、相手が悪いのだという事実に反する嘘の物語を語っているのです。

自分のプライドを守るために負け惜しみを言えば言うほど、合理化された強がりを言えば言うほど、自分でも情けなくなって、ますます自信を失うのではないでしょうか。このような嘘をつくと、周囲からも、ますます信頼されず、尊敬されず、人は離れて行くでしょう。負け犬の遠吠えを聞いていたい人は誰もいないからです。

微妙な嘘・無意識的な嘘・自分も欺く嘘

見てもいないのに見たと言ったり、見たのに見ていないと言ったりするのは、明らかな嘘です。

しかし、酸っぱいぶどうなんだと言う狐さんのように、微妙な嘘も結構多いのです。ページをパラパラめくっただけなのに、「その本を読みました」と言ってみたり、ひとりの人に嫌なことを言われただけで、「みんなにいじめられた」と言うなどです。人は自分が見たいように見て、見たくないように見ないのです。つまり、自分に都合がよいように事実をねじ曲げて嘘をつくのです。

このような微妙な嘘は、嘘をついている本人も気づいていないこともよくあります。他人を欺いているだけではなく、自分自身にも嘘をついているのです。そういう意味では、意識的な嘘よりも悪質なところがあります。意識的な嘘は、他人を騙していますが、自分では嘘とわかっているだけマシなのです。

事実を受け止める時点で、現実を歪めて認知している場合もあります。後づけで話を都合よく脚色してしまう場合もあります。どちらにしても、微妙な嘘は、しばしば無意識的に、頻繁になされています。

このような微妙な嘘や、無意識的な嘘も、その場しのぎにはなるかもしれませんが、長期的には他人からの信頼を失うことにつながります。そればかりか、継続的に嘘をつくことが習慣化すると、誠実さや正直さが失われ、胡散《うさん》臭い人になり、人格が成長しません。無意識的には自分が嘘をついていることを知っていますので、健全な自尊心を身につけることもできないのです。

いかなるときも嘘をつかないという不妄語戒を受持し、真剣に守ろうとしていると、このような微妙な嘘、無意識的な嘘、自分も欺く嘘にも、その場で気づくようになります。そのようになると、人格は成長します。

嘘をつく人は、修行はできません。しても実を結びません。嘘をつく人は、事実とあるがままに向き合うことができないので、人格が成長できないのです。

大嘘

学歴、職歴、取得資格などを偽り、就職、昇進、役職などの地位を不正に得る人がいます。これが発覚した場合には、職を失ったり、信用を失うことになりますし、所属している組織自体も信用を失います。

虚偽の申告をして保険金や補助金を騙し取れば、詐欺罪になります。コロナ禍のときには、大学生などの若者も含めて、多くの人が嘘の書類を提出して、国の補助金を騙し取りました。

「オレオレ詐欺」「架空料金請求詐欺」などの特殊詐欺は、2011年から増加傾向にあります。特に高齢者が被害に遭いやすく、巨額の金銭的損失を被ることが多いです。詐欺師は巧妙な手口を使い、被害者の感情に訴えかけるため、被害に遭う人が後を絶ちません。

企業の財務状況を偽って、投資家や規制当局を欺けば、会計詐欺になり、違法行為になります。所得を隠したり、少なく偽って申告すれば脱税になります。

製造や建築に関わる企業や専門家が、安全性の検査のデータを偽れば、危険な自動車、危険な建物、危険なインフラが世の中に出回ります。その結果、大きな事故が起きたり、災害時などに被害が拡大し、多くの人が命を失いかねませんので、重大な嘘です。

裁判において嘘の証言をすれば、無実の人が濡《ぬ》れ衣《ぎぬ》を着せられて有罪になったり、有罪の人が無罪になってしまう可能性があります。虚偽の証言は、裁判の公正性を損ない、他人の一生を左右しかねない重大な嘘になります。

政治家が政策や実績について嘘をつけば、政治に対する国民の信頼を損ない、社会の分断や不和を招きますが、今や政治家の嘘は当たり前となりました。それどころか、脱税や不正な会計をしても、政治家は裁かれないための法案を作っています。

選挙において虚偽の情報を提供したり、投票結果が不正に操作されれば、民主主義社会は崩壊し、国民主権ではなくなり、不公正で独裁的な体制に傾きます。

医師が虚偽の診断や治療を行い、不正に保険金や報酬を得たり、治療と称して不適切な行為を行えば、患者の身心の健康に取り返しのつかない重大な悪影響を与えます。

医師、製薬会社、学者、マスコミなどが、薬やワクチンの効果や安全性について虚偽の情報を流布すれば、人々を混乱させ、多くの人々の健康や命が脅かされます。

学術研究における学問領域別の不正件数は、医学・薬学が突出して多くなっています。それだけ巨額な利益に直結しているためだと推察されますが、この領域のデータの改ざん等の不正は、人の命や健康よりも、金銭的利益が優先されているという社会の現実を表しています。

このような大きな嘘は、今も実際に頻繁に起きていることにお気づきでしょうか。

このような私利私欲に基づく悪質で意図的で戦略的な嘘によって、社会は不安定になり、不信感に満ちるようになります。大きな嘘によって、多くの人が騙されて、大きな損害を受けたり、命を奪われたりしています。

大きな嘘は多くの人々をひどく悩ませるので大罪です。

なお、ブッダの弟子である出家修行者（比丘）は、一切の嘘が律によって禁止されています。もしも比丘が覚りを得ていないのに覚ったなどと大きな嘘をついたら、パーラージカといって極重罪に該当し、僧侶の資格は剥奪され、生涯にわたって再び出家することはできなくなります。

嘘に騙されないことは社会全体の利益

大きな嘘は違法行為になる場合も多々ありますが、大きな組織や強い権力者の場合は、真実が隠蔽され続け、報道されることもなく、裁かれないことが多いということも、今の日本社会の大きな問題です。

ジャニーズ問題はその典型例でした。もしもマスコミが早くから報道していたら、かなり性加害の被害者が減ったことは間違いありません。権力のある犯罪者に屈するというのが、今も変わらぬ大手マスコミすべてに共通している特徴であるように思われます。大きな事故、事件、戦争、流行病などには、作り上げられたシナリオが繰り返し報じられている場合があり、第二、第三のジャニーズ問題が今も封印されているかもしれません。

ジャニーズ問題だけではなく、会社や組織の不正を内部告発した場合、それが真実であっても、執拗ないじめにさらされることも少なくありません。日本社会の大部分はムラ社会なので、ムラ全体の嘘を告発する個人が現れれば、村八分にして徹底的に干されるのです。このような非合理的で残酷な社会をこれから変えていかなくてはなりません。

そのためには、私たちひとりひとりが、嘘をつかないだけでなく、嘘に騙されないように注意深く賢くなることが必要なのです。嘘に騙されず、圧力に屈せず、真実を求め、真実のみを語る人は、自尊心をもって生きることができます。どこでも堂々としていられます。

このような賢く、堂々としていて、嘘をつかない人が多くなれば、社会は安定し、信頼関係が生まれやすく、多くの人が幸せになりやすい社会になります。

騙される人がいなければ、詐欺師もいなくなります。マインドコントロールにかかる人がいなければ、カルト的組織は活動できなくなります。マインドコントロールにかかる人がいなければ、カルト的組織は活動できなくなります。国民が賢ければ、地位や権力がある人も簡単には嘘がつけなくなります。

近年、インターネットやSNSやAIの普及によって、伝達される情報量が爆発的に増加し、内容も複雑化し、フェイク（偽りの）情報が増えたため、情報を正確に理解し、評価し、適切に活用する「情報リテラシー」や「メディアリテラシー」の能力が必要だといわれるようになりました。それはもちろん誤りではないのですが、実際は、フェイク情報が増えただけではなく、今まで覆い隠されていた真実の情報も爆発的に増えています。それによって、これまでは多くの人に信頼されていた人物や組織が発信していた情報も、実はフェイクが少なからず含まれているということに気づく人が増えてきています。政府やメディアの情報、教科書に書かれていたり学校で教えられている内容なども、調べると疑う余地のあることがたくさんあるということに多くの人が気づきつつあります。権威のある人や組織のいうことを疑いなく信じることは、裏を返せば嘘に騙されやすいということでもあります。

ブッダは、皆が信じているからとか、有名な人や権威のある人がいっているからとか、信頼している人がいっているからという理由で簡単に信じるな、と教えました。ブッダの教えすらも、それぞれがよく考えて検証するようにと説いたのです。2500年前から、実は人間の社会はフェイクだらけだったのです。ですので、私たちはつねに事実がなにかを注意深く見分ける必要があるのです。ほとんどの嘘は、煩悩によってつくられていますから、嘘を信じれば、毒が回ります。多くの人が嘘を信じてしまえば、社会に広く毒が回るのでとても危険なのです。

そのため、嘘に騙されず、真実を追究する人になることは、自分を守るだけではなく、社会全体を守り、多くの人が不幸になることを防ぐことにもつながるのです。

一度失った信頼の回復は難しい

人間社会は信頼関係で成り立っています。嘘をつく人や、嘘をつきそうな人は信頼されることがありません。

信頼関係を築くには長い時間がかかりますが、一度嘘をつくとあっという間に信頼関係は壊れます。一度失った信頼を取り戻すのは非常に難しいものです。半永久的に信頼を取り戻せない場合も少なくありません。嘘をついて自分から金を奪った詐欺師を再び信頼することはなかなかできないでしょう。

これはパートナーでも、友人関係でも、親子でも、職場関係でも、企業や政府などの社会的組織でも同様です。大きな嘘をついて騙した人や組織、小さな嘘を繰り返す人や組織は、やがて社会の中で居場所を失うことになります。

巧妙なやり方で嘘をつき、人々をうまく騙せたとしても、宇宙の法を欺くことは誰にもできません。大嘘つきは、後々、大変な悪業に悩まされる結果になるでしょう。

今だけ、金だけ、自分だけの発想で嘘をついて、短期的にはうまくいったように見えても、長期的にみると、嘘は深刻な悪い結果を招きます。嘘は、信頼を失い、他人を苦しめ、恨まれ、自分も自尊心をもてなくなり、心は乱れるでしょう。嘘は嘘を呼び、社会での居場所がなくなり、人格は劣等になります。法に触れれば犯罪者として裁かれます。

慈悲と智慧によって言葉を使う

嘘をつくときには、さまざまな私利私欲が生じていて、嘘をついています。貪欲の煩悩があるから嘘が出てくるのです。

反対に、言葉を聞く人が幸せになるようにという慈悲心があれば、自然と嘘は出てこなくなります。もしも事実誤認があって間違ったことを言ってしまったことに気づいたら、後から訂正してお詫びをすればよいのです。

事実をあるがままに観察し、誠実であろうという気持ちがあれば、嘘はつけません。客観的、理性的、本質的な言葉のみを語り、わからないことはわからないと正直に言うようになります。知らないことは、知ったかぶりをせずに、知らないと言うのです。

単に嘘をつかないだけではなく、慈悲と智慧によって言葉を使うならば、人を励ましたり、役に立つことを言うようになります。それは善行為になり、人に信頼されるようになり、自分自身も幸せになります。正しい言葉の使い方というのはこのようなものなのです。

以上のことをよく考察し、いついかなるときも嘘をつかないという不妄語戒を受持することをお勧めします。そうすれば、心は安定し、自尊心をもって堂々としていることができ、人々から信頼されるでしょう。そして正直で誠実な、優れた人格へと成長することができます。

穀物酒や果実酒など意識を酩酊させるものを控える
〔不飲酒戒〕

飲酒の影響は、身体的、心理的、社会的な面で多岐にわたります。

かつては、「酒は百薬の長」といわれ、適度な飲酒は健康によいと考えられていました。しかし、近年の研究によると、「酒は百害あって一利なし」という結果が多く報告されています。

仏教の不飲酒戒が医学的にも支持されるようになってきたのです。

飲酒の影響

お酒を飲むと、まずアルコールが脳に作用して、酔っぱらいます。酔った状態になると、判断力、知覚能力、記憶力、運動能力、バランス感覚などの心身の機能が低下します。嘔吐《おうと》したり頭痛になったりすることもあります。

酔ったまま車を運転し、交通事故を引き起こし、大けがをさせたり、命を奪ってしまう悲惨な事故が今もなくなっていません。

アルコールの作用によって、高揚した気分になったり、逆に抑うつ状態になったりします。酔うと攻撃的になる人、しつこくなる人、暴力を振るう人、抱きつくなどのハラスメント行為をする人もいます。飲酒が主な原因と考えられる喧嘩や暴力事件はたびたび発生しています。

長期間にわたってアルコールを大量に摂取し続けることによって、アルコールを摂取しないといられなくなる状態になれば、アルコール依存症という病気です。

厚労省によると、日本の潜在的なアルコール依存症者は57万人で、そのうち12万人が治療を受けています（2016年）。アルコール依存症者は、自分で依存症であることを認めないことが多いので、治療を受ける人は一部にすぎません。アルコール依存症者になると、酒を飲みたいという欲に負け続け、自分では治せない状態である場合が多く、専門の医療機関やサポートグループの支援を求めることが有効です。

長期にわたる大量の飲酒は、さまざまな疾患を引き起こします。世界保健機関（WHO）によると、アルコール依存症は60以上もの病気の原因になると指摘しています。代表的な身体疾患としては、肝疾患（肝炎、肝硬変、肝がんなど）、心血管疾患（高血圧、心臓病、脳卒中など）、消化器系疾患（胃炎、胃潰瘍、膵炎など）、がん（口腔、咽頭、食道、乳房、大腸など）、糖尿病などです。精神疾患としては、うつ病、不安障害、認知症、記憶障害などになりやすくなります。

精神医学的・薬学的な研究によると、日本では違法とされている大麻やLSD、MDMA（エクスタシー）などの物質よりも、アルコールのほうがより身体的・精神的により有害度が高いと評価されています。飲酒が合法であることは、科学的根拠とは整合していません。

飲酒の影響は、依存症になったり、身心の疾患になりやすくなるだけではなく、飲

酒運転や乱暴な行動を起こしやすくなったり、生活習慣が乱れたり、人間関係を悪化させるなど、社会的な問題も起こしやすく、周囲の人も悩ませます。

明晰な気づきを保つこと

そして何よりも、飲酒をすると、意識が酩酊して、明晰《めいせき》な心を保つことができなくなることが問題です。あるがままの現実を認識できなくなり、心が曇ってしまうのです。

飲酒に溺れる人は、すべてを忘れ、苦しいことから逃れ、酔いたいのです。酔って我を忘れたいという欲に支配されてしまっているのです。酔っぱらうことは、一時的に解放される気分になるかもしれませんが、酔いが覚めれば、何も変わっていない現実に引き戻されます。もともとあった問題は何も解決していません。そこで再び酔って忘れたくなるのです。

心を健康に保ち、成長するためには、明晰な気づきを保つことが欠かせません。明晰な気づきがあれば、自分、他者、社会の問題に気づき、洞察し、解決法を見いだすことができます。そのプロセスが、人を成長させ、幸せにします。酩酊することは問題を先送りし、心を曇らせ、身心を不健康にします。

このような飲酒の影響をよく理解して、飲みたい、酔いたい、忘れたいという欲望に支配されないように、不飲酒戒を受持することをお勧めします。

なお、ブッダの弟子である出家修行者（比丘）は、一切の飲酒が律によって禁止されています。もしも比丘が飲酒をしたら、パーチッティヤといって単堕法に抵触し、他の比丘に告白懺悔《ざんげ》しなければなりません。

7 章

ダーナ

ダーナをする者は、
ダーナをしない者に比べて、
人間として生まれたときに、
五つのことにおいて勝っている。
その五つとは、
寿命、容姿、幸福、名声、徳の力である。

── 服部育郎訳(一部拙訳)、AN5、Sumanavaggo Sutta ──

人によって異なる中道

第I部では、快楽を追い求め、私利私欲に走り、欲望の対象に執着すれば、短期的な劣った幸せは得られるかもしれないけれども、長期的には満たされず、苦しみが必ずついてくることを確認しました。つまり、エピキュリアン（快楽主義者）は、こよなき幸せには決して至ることができないのです。

かといって、すべての欲を手放すということは、出家修行者でなければできないことなので、世俗の世界で生きる私たちは、必要な欲を満たし、過剰な欲を節制しながら、苦しみがある程度つきまとうことを受け入れて生きることが、もっとも現実的なほどほどの幸せになる道なのです。

中道とは、快楽主義にもならず、行きすぎた禁欲主義者にもならず、両極端を離れて、ちょうどよい塩梅で自分の欲とつき合うということです。しかし、どこがちょうどよい塩梅なのかは、人によって、心の成長度合いによって異なるのです。

たとえば、乳児であれば、お母さんのおっぱいに吸い付くのは当然のことです。母乳によって必要な栄養を摂取できるからです。しかし、5歳になってもお母さんのおっぱいに吸い付くのは、不必要であり、貪りであり、適切ではありません。

5歳の子どもが、何度もかくれんぼをしたがるのは、当然のことであり、発達上も好ましい遊びです。しかし、10歳になってもかくれんぼをしたがるのは、発達上必要なことではなく、貪りであり、適切ではありません。

20歳のプロのアスリートが、1日4時間以上適度な練習をすることは、身体づくりのために必要であり、適切なことでしょう。しかし、後期高齢者が、1日4時間以上スポーツをすることは、身体の健康にはおそらく過度であり、適切ではありません。

私たちのような世俗の人間が、1日3食食べたいと思うのは、普通のことであり、貪りとはいえません。しかし、瞑想修行に励む出家者が1日3食食べたいと思うことは、貪りであり、律にも反していますし、適切ではありません。

このように、年齢によって、発達段階によって、立場によって、人によって状況は異なり、必要なものも異なるので、よい塩梅の中道は変わってくるのです。

ダーナによる中道の達成

中道は人それぞれ異なるのですが、過剰な欲にとらわれると、歪みが生じ、いずれ必ず苦しみを招きます。ですので、自分なりの中道を見つけることが大切です。では、どうしたら中道を見つけ、達成することができるでしょうか。

私利私欲に走り、強い欲望をもっているときには、自分が他から得ることばかりを考えています。少しでも快楽を得たい、お金が欲しい、称賛が欲しい、注目を浴びたい、能力を得たい、美しくなりたい、支配力を得たい……と他から得ること、奪うことばかりを考えているのです。

このような強すぎる欲に支配されず、中道を生きるためには、ダーナを心がけることが効果的です。ダーナとは、パーリ語で「与える」という意味で、仏教では「布施」と訳されます。「……を得たい」という欲望に対して、反対方向の「……を与える」という行為を実践することによって、得たいという欲望が緩和され、欲望の支配から解放されるのです。ダーナはとても効果的な中道の実践方法です。

ダーナのやり方

与えるやり方は無数にあります。

貪りを弱めるためのダーナは、自分が欲しいと思って執着しているものを、同じものを欲している他人に与えると効果的です。自分がテイクしたいものを、反対に他者にギブするということです。

快楽欲が強い人は、他人を気持ちよくさせることを心がけるとよいでしょう。

金銭欲が強い人は、お金がなくて困っている人やよい活動をしているよい組織にお金を寄付するとよいでしょう。

承認欲求が強い人は、あまり認められていない人のよいところを他の人に知らせたり、褒めてあげるとよいでしょう。

注目を浴びたい人は、あまり注目されていない人を注目してあげるとよいでしょう。

能力を得たい人は、他人の能力が上がるように教えてあげたり支援をするとよいでしょう。

美しくなりたい人は、他人が美しくなれるようにサポートしたり、美しいところを見つけ褒めてあげましょう。

支配したい人は、他人に権限を渡してよいリーダーになれるように支援したり、陰で支えている人の声に耳を傾けて理解するよう努めましょう。

このように、自分が欲しいものを必要としている人に与えるようにすると、「自分だけ得たい」「独り占めしたい」という執着が弱まり、ケチな小さな心が薄まって、心が大きくなるのです。はじめは抵抗があると思いますが、思い切って行動してみましょう。やってみると、思ったよりも清々しく感じると思います。

自分が欲しいものだと、欲しい人の気持ちがわかるでしょうから、相手が喜ぶような与え方を思いつきやすいのではないでしょうか。まずは、自分がして欲しいことを相手にしてみることから始めるとよいでしょう。もしもそれで相手が喜んでくれなければ、やり方がよくないか、相手はそれを臨んでいないかのどちらかです。与えることによって、相手が喜んでくれれば気分がよいですし、自分も執着から解放されるので、一石二鳥なのです。

ダーナの4つの利益

ダーナにはとてもたくさんの利益があります。ちなみに仏教では利益を「りえき」ではなく「りやく」と読みます。善い行いによってもたらされる果報のことです。善業による善果です。

ダーナをすることによって、貪欲《とんよく》が減少します。欲望に支配されていた人が、執着から解放され、自由になり、心が軽くなるでしょう。このような、貪らない心になることが、ダーナによるもっとも重要な第一の利益です。

自分が煩悩から自由になれるだけでも十分な利益なのですが、ダーナをすれば、それに加えて、いずれ自分も与えられるといううれしいリターンがあります。これがダーナによる第二の利益です。

ダーナが巡り巡って返ってくるということは、これはカンマ（業）の法則であり、宇宙の法則なので、必ずそうなります。宇宙に向けて発した心、言葉、行動の三種は、機が熟したときに同じエネルギーが自分に戻ってくるのです。長い目で物事を観察すれば、それが真実であることを体験によって確認できるでしょう。カンマを体験的に知ることが、ダーナによる第三の利益です。

カンマの法則を頭だけで知っているのではなく、実体験として身に沁《し》みて理解することは、計り知れない利益です。なぜならば、カンマを体験すると、「得たいなら与えればよい」ということがわかるようになるからです。これを知ったならば、ますます与える人になり、心は豊かになり、安定します。そうすると、与えることが喜びになり、与えるチャンスをうかがう人になります。チャンスが来たら、逃さずダーナを実行するだけです。

カンマの理解に基づき、機会があればいつでもダーナをしようとするマインドセットができれば、心のステージが上がり、人格が向上し、幸せになるでしょう。これがダーナによる第四の利益です。

得ようとすると失い、与えると得る

知っている人は知っている、この当たり前の事実を実はほとんどの人は知りません。あるいは知った気になっているにすぎず、行動に移しません。

得たいならば与えればよいということを理解し、与える機会を探す人になったら、その人の心は明るくなります。そして、もっとよいものを与えられるようになりたいと願うようになるので、心は成長します。心が成長し、豊かで、明るく、実践が伴えば、よいご縁が増え、物質的にも豊かになる可能性が高いのです。

今までは、得ようとしてばかりいたから、得られなかったということに気づくでしょう。あるいは、得ようとして執着していたから、得られたとしても心が満足できなかったということに気づくでしょう。

欲しいものを手に入れても、すぐに他の新しいものが欲しくなってしまうのは、手に入れること自体を貪っているからなのです。手に入れてしまったものは、もう心をときめかせることができないのです。

私利私欲に満ちた心の持ち主が、もしもその欲を満たすことに成功し、大金を得たり、名声を得てしまったら、実は大変なことかもしれません。なぜならば、貪欲は結局心を僅かの間しか満たさないことに加えて、得たものに見合った豊かな心がなければ、善行為に裏打ちされた徳がなければ、後からそのツケを払わなければならなくなるからです。善業の前借りをしてしまった人は、いずれ借金を返さなければならないということなのです。

ダーナをするときの心を観察する

ダーナをするときに心がけることとは、自分の心を正直に見つめ、よく気づいていることです。慈悲喜捨という4つの善い心のどれかが生じていれば、それは完全な善行為になります。

一方で、貪りの心が生じたままダーナをしている場合もあるでしょう。たとえば、内心ではもったいないと思っていたり、本心では与えたくないと思っていたり、他者に評価されるためのパフォーマンスとしてダーナをしていることもあるでしょう。見栄をはって気前よく振る舞うのも欲ばりながらのダーナです。

このような場合、心に貪欲が生じているので、せっかくダーナをしても、執着はなくなりません。それだけではなく、新たな悪業にもなってしまうのです。

ですので、ダーナをするときの自分の心をよく観察してみましょう。できるだけ純度の高いダーナを目指しましょう。

自分を責めずに純粋なダーナを目指す

はじめから善い心100%でダーナができなくても心配ありません。人間はもともと自己中心的で欲ばりなので、たいていは打算的なのです。そのような自分を責めるのはやめてください。責めたところでよくなるものではないからです。

自分を責めるのではなく、どうしたらより純粋な、優れたダーナになるのかを考えましょう。善くない心が働いていることに気づきながら、すこしでも純粋な心でダーナができるように、挑戦すればよいのです。観察結果に基づいて、よりよくなろうという向上心をもてばよいのです。

慈悲喜捨による完全な善行為

慈しみの心によってダーナをしているとき、心は浄らかであり、完全な善行為になります。慈しみの心とは、パーリ語のメッターという言葉で、親切心であり、相手の幸せを願う心であり、友情の心です。見返りを求めない愛、所有欲のない愛情といってもよいでしょう。

たとえば、立派な贈りものを与えて喜ばせることは、慈しみによる素晴らしい善行為です。しかし、もっと簡単で身近なことでも慈しみを実践することができます。笑顔で挨拶をするだけでも、そこに慈しみの心があれば、それは完全な善行為になります。

悲の心によってダーナをしているとき、心は浄らかであり、完全な善行為になります。悲の心とは、パーリ語のカルナーという言葉で、痛みや苦しみを取り除いてあげようとする心であり、哀れみの心です。

たとえば、溺れている人を見つけて、川に飛び込んで救出することは、悲による素晴らしい善行為です。しかし、もっと簡単で身近なことでも悲を実践することができます。何かに困っていそうな人に、「大変そうですね。何かお困りですか」とやさしく声をかけるだけでも、そこに悲の心があれば、それは完全な善行為になります。

喜の心によってダーナをしているとき、心は浄らかであり、完全な善行為になります。喜の心とは、パーリ語のムディターという言葉で、他人の幸せを自分のことのように喜ぶ心です。

たとえば、卓越した業績を上げた人を表彰することは、喜による素晴らしい善行為です。しかし、もっと簡単で身近なことでも喜を実践することができます。人目につかないところで努力を続けている人に、「すごくがんばっていますね、素晴らしいです」と一緒に喜んだり、SNSに投稿されている幸せそうな体験や成功体験に「いいね」を送信するだけでも、そこに喜の心があれば、それは完全な善行為になります。

捨の心によってダーナをしているとき、心は浄らかであり、完全な善行為になります。捨の心とは、パーリ語のウペッカーという言葉で、中立的、客観的な視点でもののごとをみる平静な心であり、平等な心です。

たとえば、差別をされて苦しんでいる人に、差別の状況をよく分析して、適切な支援をしてくれそうな専門家や窓口を紹介することは、捨による素晴らしい善行為です。しかし、もっと簡単で身近なことでも捨を実践することができます。不安になって困っている人に、しばらく一緒にいてあげるだけでも、それが今できる最善のサポートだという理解に基づく捨の心があれば、それは完全な善行為になります。

四無量心への気づき

慈悲喜捨の４つの心は、無限に育てることができるので、お釈迦様はこれを四無量心といいました。無量というのは、パーリ語のアッパマンニャーという言葉で、「限りない」という意味です。

四無量心は、ふたつ以上が同時に働いていることがあります。たとえば、捨の心がありながら、悲の心があり、悩んでいる人に寄り添うというのは、理想的なことなのです。捨の平等で客観的な視点が働いていると、慈悲喜の3つの善い心はより有効に機能します。

ダーナをしているとき、四無量心のどれがどのように、どのくらい生じているか、気づいているとよいでしょう。四無量心が働いているときには、とても気持ちがよいものです。善行為をしているときの心地よさを心身に刻印してあげましょう。

一瞬一瞬、心の状態は変化しています。つねに四無量心をモニターしながら生きると、欲にはとらわれにくくなり、心が成長します。

捨によって配慮して与える

与えるときに注意すべきことは、不要なものを押しつけないということです。欲しくないプレゼントをたくさん与えたら、受け取った人は迷惑に感じます。

捨の心で状況を分析し、他人が必要としているもの、他人の助けになるもの、他人に役立つものは何かを考えてから、それを適切なやり方で与えるという配慮が必要なのです。

明日食べるものがなくて飢えている人がいれば、食べものを与えるのがよいでしょう。しかし、若くて病気でもなく、働きもせずにいる人に、食べものを与えたり、食費を与えることは、かえって自立を妨げるのでよくありません。ひきこもりの人のご家族の中には、必要以上に与えることによって、自立を妨げ、ひきこもりを長引かせていることがよくあります。

相手が喜ぶからといってそれがよいとは限りません。

たとえば、子どもに甘いケーキやお菓子を与えれば、喜ぶでしょう。しかし、それを無制限に与えれば、子どもは甘いものに依存するようになり、健康を害してしまうかもしれません。与えることによって、相手が喜んでも、相手が幸せにならないものは与えてはいけません。それは悪い行為になります。

教育ママ・教育パパ

教育ママというのは、教育に非常に熱心で、子どもに過剰に関与する母親を指す言葉です。しばしば教育ママが子どもの心を台無しにしてしまうことから、否定的な意味で使われることが多いです。１９６０年代に生まれた古い言葉ですが、現在でも、教育ママは結構たくさんいます。もちろん、教育パパもいます。

教育ママはしばしば、子どものためにお金も時間も労力を惜しみなく与えます。教育ママはすごい量のダーナをしているのです。にもかかわらず、親子関係が悪化したり、子どもが不登校になったり、子どもは心を病んでしまうことが多いのです。なぜでしょうか。

親が犠牲を払って子どものために尽くせば尽くすほど、子どもにはプレッシャーになります。教育ママは、子どもに対して高い学業成績や特定のスキルを求めることが多いですが、勉強に向いていない子どももたくさんいるのです。あるいは、勉強が好きであっても、親がプレッシャーをかけることによって、逆に勉強嫌いになってしまう場合もあります。

子どものスケジュールを厳しく管理しすぎたり、学校の授業だけでなく、補習や習い事まで時間を細かく計画し、遊ぶ時間や自由時間を制限する教育ママもいます。教育ママの献身的なダーナによって、子どもに必要な遊ぶ時間が奪われ、自主性を身につける機会も奪われてしまいます。

子どもの世界に過剰に干渉し、子どもが期待に応えられない場合には、叱責や失望を表すことがあります。そして「あなたのためにやってあげているのがわからないの？」という言葉は、子どもの心を完全に破壊する殺し文句です。このような言葉や態度で接すれば、親子間の信頼関係を取り戻すことは、長期的に見ても非常に困難になるでしょう。

毒入りのダーナ

教育ママは、一見、子どものためを思って、お金・時間・手間をかけて大量のダーナをしているように見えます。しかし、何が子どものためなのかを、自分勝手に決めて、押しつけているだけなのです。「よい成績をとることが幸せだ」とか、「よい学校に行くことが幸せだ」のような勝手な価値観を信じて、子どもに強要しているのです。子どもの成長や幸せを最優先に考えることができていません。

教育ママ自身が、学歴がなかったり、お金で苦労していたり、さまざまな劣等感コンプレックスをもっている場合があります。その悔しさを子どもに晴らしてもらいたいと考え、勝手に自分のできなかったことを子どもに押しつけていることがあります。

もっと悪質なのは、世間体を保つためだけに、子どもを優秀にしたいと思っている場合もあります。子どもからすれば、これほど迷惑な親はいません。

「あなたのためにお母さんはこんなにがんばっているの」と責められると、子どもは抵抗するのが非常に難しくなります。本当は教育ママのエゴを満たすために子どもに思い通りに動いて欲しいという私利私欲にすぎません。しかし、優しい子どもほど、親のエゴに応えようとしてしまい、申し訳ないと感じてしまい、罪悪感をため込み、自尊心がもてなくなり、ついには心が病んでしまいます。

このような、自分勝手で押しつけがましいダーナは、人の心を破壊する毒入りのダーナなのです。これを受け取ってしまった人は、心身に毒が回り、蝕まれてしまいます。

不純なダーナは受け取らない

健康で賢い子どもは、毒入りのダーナをする母親は自分を破壊することに気づき、母親に徹底抗戦します。これは子どもにとって正当な反抗であり、正当防衛です。悪魔のダーナを受け取ってしまえば、自分の精神が破壊されてしまうからです。言葉はよくないのですが、子どもにとっては確かに「毒親」なのです。

ですので、激しく反抗する子どもに対して、「非行少年」とか、「行為障害」などの精神医学的なレッテルをはるのではなく、彼らがなぜそのような行動をしているのかを理解する必要があります。

とても健全で健康だからこそ、激しく反抗したり、非行に走っている場合も少なくないのです。もちろん、子どもは自分でも何をしているのか、よく理解できていない場合も少なくありません。

私利私欲に基づいた不純なダーナを押しつけてくる親に抵抗することは、自分を守るために必要なことです。悪いダーナを受け取ってしまえば、自尊感情が育たず、自立できず、不幸な人生を送り、不適応や、精神疾患に陥る可能性があるのです。毒入りのダーナをする人物に抵抗し、自分を侵害する悪い影響を受けなくなることによって、はじめて自立した大人になれるのです。毒まんじゅうを見分け、食べないことを覚える必要があります。不純なダーナは、人を幸せにしません。不純なダーナをする人は、受け取った人が自分の思い通りにならないと怒ります。

一般に、見返りを求めている贈りものや、紐《ひも》付きの援助、思惑のあるダーナは、不純物です。このようなものを安易に受け取ると、毒が回ることがあるので、注意深くなければなりません。受け取らずにいることができれば、それが一番安全です。ストーカーからの贈りものは受け取ってはいけません。賄賂は受け取ってはいけません。受け取らなければ、無駄なしがらみや期待にとらわれずに済みます。

どうしても不純なダーナを受け取らざるを得ない場合は、形だけ受け取り、相手の不純な心は受け取らないようにするとよいでしょう。受け取ったものは、捨てても構いませんし、必要な人がいたらあげてしまってもよいでしょう。

余裕があれば、ダーナをする人の汚れた心が清まるようにと、念じてあげるとよいでしょう。

健全なダーナ

子育てに限らず、人を育てることは、たくさんの健全なダーナによって成り立ちます。誰もが無数の人のダーナを受け取ることによって大人になり、一人前になり、さらに成長します。

人が育ち、成長するためには、毒のない、見返りを求めない、私利私欲のない、押しつけのない、自分勝手ではない、本当に相手のためになる純粋なダーナが必要なのです。

干渉せずに見守っていることが最善のダーナである場合も多いのです。

相手が望まないものを押しつけることは、ときに心を壊してしまうほどの悪行為です。悪いダーナと善いダーナを注意深く見分けましょう。私利私欲に基づくダーナは悪いダーナであり、慈悲喜捨や智慧によるダーナは、善いダーナです。

悪いダーナをしないようにし、悪いダーナはできるだけ受け取らないほうがよいのです。

健全なよいダーナを行い、よいダーナを感謝して受け取るとよいのです。

捨の心でそれをよく見極めましょう。

徳によって大きく異なる善果

慈悲喜捨に基づいた健全なダーナをすれば、それは自分自身を豊かに幸せにします。これは長い目で見たときには、例外のない事実です。絶対に潰れることのない銀行にお金を預けるようなものなのです。

もうひとつ、知っておくとよいことがあります。それは、同じダーナでも、徳の高い生命にダーナをすると、その恩恵ははるかに大きくなるということです。

たとえば、ホストに貢いで贈りものを渡す女性はたくさんいます。一方で、多くの人々を助け、正しい生き方を教え、身をもってそれを示している人に贈りものをする人もいます。同じ贈りものを贈ったとしても、その善果は、雲泥の差があるのです。ホストに貢ぎものをするよりも、よい行いをたくさんしている人に贈りものをダーナした人のほうが、はるかに大きな恩恵を受け取ることになります。

死にそうな虫の命を助けてあげることは善行為です。死にそうな聖者の命を助けることも善行為です。どちらも等しく尊い行動なのですが、後者のほうが、後に大きな幸せを得るのです。たとえが適切かどうかわかりませんが、お金を預けた銀行の金利が桁違いに異なるようなものなのです。金利の違いは、ダーナをした対象の徳の違いによるのです。

だからといって、徳の高い人だけにダーナをして、徳の低い人は放置しろというのではありません。縁があれば、できる範囲で、分け隔てなく、ダーナをするのがよいのです。

しかし、たとえば律を守り、正しい修行を熱心にしている仏弟子たちの集団（サンガといいます）には、聖者も含まれますし、莫大な徳があります。ですので、サンガに対して清らかな心でお布施をすれば、それはやがて大きな果報となるのです。

私はどこの宗教教団にも所属していませんし、宗教を勧めるつもりはまったくありません。そうではなく、宇宙の法（ダンマ）をよく理解し、それに則った生き方をすることを勧めているのです。

こよなき幸せに至る秘訣

慈悲喜捨による純粋なダーナは後味がよく、心は明るくなり、満足します。貪欲がこびりついたダーナは、どこか後味があまりよくなく、心はスッキリと晴れません。貪欲に汚染された紐付きのダーナは、相手を苦しめてしまいます。

下心のあるダーナをする人は、受け取ってくれないときに、ひどく失望したり、怒ったりします。これは煩悩による悪いダーナだったからです。このような事後の心の違いをよく観察してみましょう。

自分のあるがままの心に気づき、それがもたらす結果の違いを洞察することによって、心は成長します。心が成長すると、より純度の高い善行為ができるようになるでしょう。そして、貪欲が入り込むと、すぐに心が濁ったことに気づけるようになります。

よりよい善行為をすることができるようになると、人格は成長し、その行為によって徳となります。徳が積まれると、私利私欲では得られなかった、優れた幸せが増していくでしょう。

ダーナというのは、「してあげる」のではなく、「させていただく」ものなのです。なぜなら、ダーナは自分が欲から解放され、心が浄らかに成長し、善果を得て幸せになる確実な方法だからです。このようなダンマ（宇宙の法）を理解できないことが無智であり、よく理解できていることが智慧があるということなのです。

私利私欲をどれだけ満たしたとしても、それは劣った幸せしか得られません。私利私欲を離れて、慈悲喜捨によるダーナが当たり前となったとき、こよなき幸せに至るのです。

8 章

知足と感謝の瞑想

尊敬と謙遜と満足と感謝と
適当な時に教えを聞くこと、
これがこよなき幸せである。

―― 中村元訳、KN、Mangala Sutta ――

欲ばりは現状への不満

必ずしも必要ではないものを欲しがってしまうのが欲ばりです。

買いものに出かけたら、欲しいような気がして買ってみたけれど、一度も使わずに置きっぱなしということはありませんか。これは、本当に必要ではなかったということです。必要ではなかったけれど、一時的な欲望に負けて、冷静な理性が働かなくなり、必要でないのに買ってしまったのです。このような不必要なものへの欲がもたげて負けてしまうのは、心が満たされていないときに起こりやすいのです。

お腹が空いているときにスーパーに買いものに行くと、どれも美味しそうに見えて、不必要な食べものを買ってしまいがちです。結局食べられずに捨てることになってしまったり、腐らせてしまい、後悔することになります。

一方、満腹なときにスーパーに買いものに行けば、それほど食欲が湧かないので、理性が働いて、必要なものだけを買うことができます。

このように、現状に満足しているときには欲ばることが少なくなり、現状に不満があると必要のないものまで手に入れたいと思ってしまうのです。

不平不満は餓鬼の心

ゴミ屋敷になる人は、心が満たされておらず、心の底に淋しさや悲しさを抱えている場合があると5章で述べました。満たされていないから、いろいろなものを集めてしまい、捨てられなくなってしまうのです。そして、集めても集めても、ひどいゴミ屋敷になっても、心は満たされません。むしろ集めれば集めるほど、渇望感は増すばかりなのです。

なんらかの依存症がある人も、大抵は心の奥底には満たされない思いや、空虚感があります。その不満足感や空虚感を埋めるために、刺激を貪るのです。しかし、その満足は一時的であり、代理的満足にすぎないので、刺激が去ると、はじめよりももっと大きな渇望感に苛《さいな》まれます。こうして貪ることがやめられなくなり、悪循環から抜け出せずに、依存症になってしまいます。

このような、貪っても貪っても心が満たされず、永遠に貪り続け、永遠に不満足な心をもつ生命は、死後、餓鬼の世界に堕ちるとお釈迦様はおっしゃられました。

パーリ聖典には、このような耐えがたい餓え乾きに苦しむ餓鬼がたびたび登場します。人間として生きているときに、不平不満ばかり言い、満足することを知らず、感謝することを知らなかった人は、その心のままに、餓鬼界に転生してしまうのです。

餓鬼に堕ちるな

この話は常識的ではないので信じていただかなくて結構ですが、私はときどき餓鬼に出会ってしまうことがあります。餓鬼はどれもとても醜い姿で、暗く、力がないので、餓鬼だとすぐにわかります。ゾンビのようなドロドロした風貌の餓鬼もいます。

餓鬼に出会ってしまうと、一瞬身がすくんで、逃げ出したくなることもあるのですが、そのような気持ちをグッと抑えて、意識的に慈悲の心に切り替えます。そして、餓鬼に対して、私は自分の徳を餓鬼に回向する場合があります。餓鬼自身がそれを感謝して受け取ることができれば、浮かばれることがあるようです。感謝できない餓鬼は、折角回向されても、受け取ることができず、ずっと餓え乾いた苦しみの状態が続きます。

餓鬼に堕ちてしまったら大変です。お釈迦様は、一度餓鬼に堕ちてしまうと、人間界に戻ってきて生まれ変わるチャンスはとても少ないと語られています。餓鬼界の存在は、長い長い間、ずっと満たされることなく、暗く、苦しみに満ちています。

人間として生きているのに、不平不満ばかり心に抱き、あれもこれもと貪り、執着し、暗い満たされない心で生きている人は、死後、餓鬼に堕ちる可能性が高いのです。ですから、人間として生きている今のうちに、欲ばらない練習をして、必死に心の修行をしなければなりません。

今すでにある幸せを認識して感謝する

では、どのような心の修行をすればよいのでしょうか。

それは、貪らず、欲ばらず、今すでにある幸せを認識し、感謝することです。

今、人間として生きているならば、人間以下の世界の住人から見れば、とても恵まれたことです。ですから、今、人間として生きられている幸せを認識し、感謝しましょう。

今、息ができているならば、息をできずに苦しんでいる人から見れば、とても恵まれたことです。ですから、今、息をできている幸せを認識し、感謝しましょう。

今、食べることができているならば、食べることができずに苦しんでいる人から見れば、とても恵まれたことです。ですから、今、食べることができる幸せを認識し、感謝しましょう。

今、安全な家があるならば、安全な家がない人から見れば、とても恵まれたことです。ですから、今、安全な家がある幸せを認識し、感謝しましょう。

今、歩けるならば、歩くことができない人から見れば、とても恵まれたことです。ですから、今、歩ける幸せを認識し、感謝しましょう。

今、見ることができるならば、見ることができない人から見れば、とても恵まれたことです。ですから、今、見ることができる幸せを認識し、感謝しましょう。

今、聴くことができるならば、聴くことのできない人から見れば、とても恵まれたことです。ですから、今、聴くことができる幸せを認識し、感謝しましょう。

今、自分で排泄《はいせつ》ができるならば、自分で排泄ができない人から見れば、とても恵まれたことです。ですから、今、自分で排泄ができる幸せを認識し、感謝しましょう。

今、風呂に入れるならば、風呂に入れない人から見れば、とても恵まれたことです。ですから、今、風呂に入れる幸せを認識し、感謝しましょう。

今、健康ならば、病気の人から見れば、とても恵まれたことです。ですから、今、健康であることの幸せを認識し、感謝しましょう。

今、自由に話すことができるならば、自由に話すことができない人から見れば、とても恵まれたことです。ですから、今、自由に話せる幸せを認識し、感謝しましょう。

今、自分を認めてくれる人がひとりでもいるならば、自分を認めてくれる人がひとりもいない人から見れば、とても恵まれたことです。ですから、今、自分を認めてくれる人がひとりでもいる幸せを認識し、感謝しましょう。

今、働くことができるならば、働くことができない人から見れば、とても恵まれたことです。ですから、今、働くことができる幸せを認識し、感謝しましょう。

今、学ぶことができるならば、学ぶことができない人から見れば、とても恵まれたことです。ですから、今、学ぶことができる幸せを認識し、感謝しましょう。

今、ブッダの教え（ダンマ）を聴くことができるならば、ブッダの教え（ダンマ）

を聴くことができない生命から見れば、とても恵まれたことです。ですから、今、ブッダの教え（ダンマ）を聴くことができる幸せを認識し、感謝しましょう。ブッダの教えを聴いて心の底から本当に理解できたならば、１００億円を得るよりも比べものにならないほど遥かに価値のあることです。

今、正しい修行ができるならば、正しい修行ができない生命から見れば、とても恵まれたことです。ですから、今、正しい修行ができる幸せを認識し、感謝しましょう。

……このように、私たちには今すでに、非常にたくさんの幸せがあるのです。

強欲な人は、今ある幸せは当たり前のことだと思い、感謝することがありません。感謝することのない強欲な人は、もっと何かが欲しいと望みます。そしてその望みが満たされないと、不平不満を言い、不幸であると感じます。不幸の原因は、望みが満たされなかったことではなく、強欲と、感謝を知らないことなのです。

当たり前と思うな、離欲を楽しめ

今すでにあることを当たり前と思わず、幸せだと認識すれば、感謝の念が湧いて、心は満たされます。そうすると、貪ったり、執着する必要はなくなります。そうするとますます、幸せになるのです。

今すでにあることを当たり前だと思い、幸せだと認識できなければ、感謝の念は湧かず、心は満たされません。そうすると、貪ったり、執着するようになります。そうするとますます、不幸せになるのです。

当たり前だと思わないように注意深くありましょう。ありがたいというのは、「有り難い」ことが起きているということなのです。人間として生きているだけでも、とてつもなく有り難いことなのです。

欲が満たされないとき、欲から離れることを楽しみましょう。欲が満たされないということは、欲から離れられる絶好のチャンスなのです。執着を手放せたとき、私たちは解放されます。それがこよなき幸せを得るための鍵なのです。

既に多くの望みが満たされていることに感謝しましょう。そうすれば、その人は、うつろな目をした強欲な億万長者よりも、今のままで、圧倒的に豊かに幸せに生きられるのです。

知足と感謝の瞑想

ここで、とても簡単でありながら、とても効果的な瞑想をひとつ紹介します。これは、多くの心理相談に来られた方々や、瞑想の実習をする私の担当授業を履修している多くの学生たち、そして私自身でも試して、効果が高いことを確認しています。やり方は次の通りです。

脚を組んで背筋を伸ばして目を閉じて瞑想する

一、脚を組んで座り、腰骨を立て、背筋を伸ばし、身体の無駄な力を抜いて脱力し、目を軽く閉じます。手は腿《もも》の上に置いても、前で軽く組んでも結構です。

二、深い呼吸を好きなだけ繰り返し、リラックスして心を落ち着かせます。
三、身心がリラックスしたと感じたら、自然な呼吸を鼻から吸って鼻から吐きます。
四、息を吸うときに心の中で、「幸せです」と唱え、息を吐くときに「ありがとう」と心の中で唱えます。
五、四を1分以上、繰り返します。

この瞑想の注意点

この瞑想は、誰でもできる、とても簡単なやり方です。以下、補足や注意点です。

- 1分以上やることを目標にするとよいでしょう。慣れてきたら、3分、5分、10分、それ以上などと、長くやっても結構です。
- 1日に何度もやってもよいです。
- 脚を組んで座るときには、両膝が床につくようにすると安定して座れます。あぐらは両膝がつきにくいので適していません。両足を重ねずにただ並べて足を組む楽座が一番簡単でお勧めです。

・猫背になると眠くなるので、腰骨を立てて、胸を開いて、背筋を伸ばし、リラックスして座りましょう。

・脚を組んで座ると身体が安定して集中が高まりやすいのですが、それが困難な方は、椅子に座ったり、横になっていても結構です。椅子に座っているときでも、背もたれにもたれず、腰骨を立てて、胸を開いて、背筋を伸ばして、リラックスして座ると、意識が澄んで集中しやすいのでより効果的です。

・床に座る場合は、お尻の下にクッション（坐布《ざふ》、枕、座布団など）を敷いて段差をつくると、楽に座れることが多いです。クッションの厚みや柔らかさは、自分の身体に合ったものを見つけるとより快適に座れます。

・誰もいない場所にいるときは、呼吸に合わせて「幸せです」「ありがとう」と声に出しても構いません。

・言葉に伴なって、いろいろな考え、記憶、感情が湧いてくる場合があります。それが有益な場合もありますが、呼吸に合わせて「幸せです」「ありがとう」と唱えることを続けてください。

・言葉に伴なって、「幸せだなあ」「ありがたいなあ」と感じられたらそれはよいことです。しかし、そう感じられなくても結構です。ただひたすら呼吸に合わせてこの言葉を唱え続けているだけでも効果がありますので、自分の状態を否定することなく、認めてあげてください。

・言葉を唱えることによって、「幸せではないなあ」「ありがたくないなあ」という抵抗や反論が湧いてくる場合がありますが、自分はそう感じているのだなと気づいて、自分を責めないようにしてください。そして、抵抗や反論にとらわれずに、ひたすら呼吸に合わせて「幸せです」「ありがとう」と唱え続けてください。

・瞑想中でなくても、歩いているときや、電車に乗っているときなどにも、呼吸に合わせて「幸せです」「ありがとう」と唱えるのも有効です。瞑想意識で唱えると、意識の深い部分に浸透するので、より有効になりますが、日常的に唱えるのもよいことです。

・「幸せです」「ありがとう」を十分に唱えた後、そのままの姿勢で自然な呼吸に意識を向けながら座り続けるのもよいことです。リラックスしながら、呼吸の感覚に集中し、呼吸に気づく瞑想を続けてみましょう。

知足と感謝の効果

「幸せです」、「ありがとう」という言葉をひたすら唱え続けると、すぐに効果を感じられる人もたくさんいます。この瞑想を行うと、心が明るくなり、幸せであることを感じられたり、ありがたいことをたくさん思い出す人もいます。身体が温かくなったり、緊張が緩んだり、呼吸が深まったり、心が落ち着いたり、元気が出てくる人もいます。

この瞑想を繰り返すことによって、精神的症状がなくなったり、改善した人がたくさんいます。是非何度でも数多く繰り返してください。落ち込んだり、考え込んだりするネガティブ思考の人にも有効です。

すぐには変化を感じられない人もいます。反対に怒りや不満が膨らむ人もいます。どのような反応が起こった場合でも、それによって唱えることをやめずに、何度も繰り返して「幸せです」「ありがとう」と唱え続けてください。

効果を感じた人も、効果を感じられない人も、逆効果に感じられる人でも、一心に唱え続け、数万回～数十万回唱えれば、心の深いところに変化が起こるでしょう。「幸せです」「ありがとう」という言葉が心の深いところに染み込むと、いろいろな場面で、不思議なことに、「幸せだなあ」「ありがたいなあ」と思うことが多くなります。そして、自分の心が明るく温かく変わってきたことに気づくでしょう。

心が今すでにある幸せを認識できるようになり、ありがたいと感謝することができるように変化してくると、実際に、幸せなこと、ありがたいと思える出来事がますます増えてきます。自分の態度や、対人関係も変わってくるのを感じられるでしょう。私たちの心が変わることで、関わる人や、起きる現実が変わってくるのです。

このような肯定的変化は、カンマ（業）の法則によるものです。ですので、きちんとやれば必ず結果が出ます。それを見逃さないように、よく観察していてください。

そして、よい結果が出たことに気づいたら、そこでも「幸せです」「ありがとう」とつぶやいてみてください。「よかった！」「やったあ」でも結構です。そうすれば、心が満たされてきます。

足るを知り、感謝すると、心の内面も、外的な環境も、よい方向に変わり始めます。

欲を手放しやすくなる

知足と感謝が心に満ちると、もはや欲ばる必要がなくなってきます。なかなか手放すことのできなかった執着も、心が満足し、感謝の心があると、握りしめていた握力が弱まり、より容易に手放すことができるようになるでしょう。

知足と感謝の瞑想を何度も何度も繰り返してください。そうすれば心が安定してくるので、貪りが減ってきて、貪欲《とんよく》に支配されない喜びを感じられると思います。

そうすると、さまざまな瞑想もしやすくなるでしょう。修行ができるようにもなります。

おわりに

深遠なブッダの智慧とダンマ・セラピー

本書を最後まで読んでくださった方、ありがとうございました。読み終えた方ならば、欲望のままに流されて生きるよりも、欲望についてよく知り、気づき、欲望と賢くつき合ったほうが、ずっと幸せになれそうだと感じられたのではないでしょうか。

本書を読んで実践された諸賢ならば、さらにそのことを実感できたと思います。学んだことをすぐにやってみる姿勢は素晴らしいと思います。欲望に対して、戦略と戦術をもって賢くつき合うことにより、心が明るく、軽く、自由になることを実感していただけたのではないでしょうか。さらに実験実習を積み重ねて、欲望とつき合うスキルを高めてください。

私たちは、自由に生きたいと願っています。家族、学校、会社、社会、人間関係など、外側の環境には、私たちを縛りつけるものがたくさんあります。そこからできるだけ自由になることはとても大切です。しかし、もっとも私たちの人生を不自由にしているのは、実は自分自身の内側にある欲望なのです。そのことにまずはっきりと気づくことが大切です。

執着がたくさんあると重たい生き方になります。しかし、欲に執着せず、手放せるようになると、軽く風通しのよい生き方になります。自分の欲望から自由になればなるほど、私たちは解放されるのです。欲から離れた喜びを知ると、心は確実に成長するのです。欲を離れても、個性や人間性を失うことはありません。

本書を参考に、貪らない幸せがあるということを実際に体験して発見してください。そうすれば、新しい生き方がはじまると思います。今の社会は、欲望が暴走して、持続可能でないレベルに達しています。ひとりひとりが、節度をもち、なおかつ幸せに生きることで、醜悪な欲望社会も少しずつ変わっていくことでしょう。

人間は地球の生態系から見ると、有害ながん細胞のような働きをしています。がん細胞が増殖すると、宿主である身体全体が滅びてしまうので、がん細胞自身も生きていられなくなってしまいます。人間は、がん細胞のように愚かなことをしていないでしょうか。地球から見ると、貪ってばかりの招かれざる客になっていないでしょうか。あらゆる生命に慈悲と感謝の念を抱くようになると、破壊的で過剰な私利私欲は自然と減少し、力を失っていきます。そうすると、私たちが幸せになるだけではなく、あらゆる生命に好かれる存在になるでしょう。これが皆が幸せになる調和的な生き方なのです。地球は私たちに驚くほど豊かなおもてなしをしてくれています。そのことによく気づき、歓迎されるような慎ましいよい客になりましょう。

私たちの心に苦しみをもたらし、成長を阻んでいるのは、根本まで探っていくと、私利私欲に辿《たど》りつきます。心の執着から解き放たれ、善い心に転換されれば、私たちの心は明るく、大きく、強く、自由になります。本書に書かれている対処法を実践された方は、それが本当であることを実感できると思います。

本書の内容は、私が独自に開発し、実践している、ダンマ・セラピーの一部です。ダンマ・セラピーとは、心理療法と瞑想法とダンマ（真理）を組み合わせた、苦しみの唯一の根治療法です。私が専門とする臨床心理学の知識や技法に、ブッダの究極の智慧を加え、統合したのです。私は心理学的な知識や技法によって他者の援助をするだけではなく、ダンマの視点からアドバイスをしたりサポートをしています。そのため、ダンマ・セラピーは、単に精神的症状を治したり、社会への不適応から適応できるようにする対症療法ではありません。それぞれの執着などの煩悩や業と向き合い、苦しみや迷いを受け止めつつ、ダンマを通して起きていることを読み解き、ダンマに適った生き方を見つけられるようにともに考えるのです。それは、究極の幸せに向かうための援助であり、人生という修行を助けることであり、苦しみの根治療法でもあるのです。ブッダの教えは、宗教や哲学というよりは、もともと実践心理学のようなものなので、心理学とダンマの統合は自然なことです。

ブッダの智慧は驚くほど奥深いものです。深く知れば知るほど、検証すればするほど、その深遠さと正確さを実感できると思います。

私利私欲にそれほど振り回されなくなり、心が軽くなったら、質の高い瞑想や修行ができるようになります。修行は進めば進むほど、苦しみは減り、優れた幸せが増していきます。それは、究極の覚りへとつながる道を歩むときに誰もが体験する幸せな過程なのです。

本書の内容に納得し、体験的にも腑に落ちた方は、さらに深い考察や方法論があるので、それぞれ探究してみるとよいでしょう。まだまだ先の道があるのです。

私の著作、瞑想会、瞑想リトリート、個人セッション、動画、その他のセミナーなどの企画は、どれもダンマ・セラピーの一部です。すべての企画は、ダンマと正しい瞑想をお伝えし、究極の幸せに至る道を見つけていただくために提供されています。

こよなき幸せに至る本物の道に出会い、理解できた方はとてつもなく幸せな方です。道を確信した瞬間から幸せへの道を歩き出しているのです。実際にその道を歩んできましょう。私もその道を歩いているひとりなのです。その道の名はブッダにちなんで「仏道」と呼ばれています。私はこの道があまりにも素晴らしく、あらゆる生命の益になり、確かな古道であることに気づいたので、ご一緒に歩いてみませんかとお伝えしているのです。

最後に、仏法僧の三宝に心からの感謝を捧げます。そして、本書の企画と編集をしてくださったHappy Happy Laboの水原敦子様に心から感謝申し上げます。

皆さまが幸せでありますように。

生きとし生けるものが調和して幸せでありますように。

石川　勇一

石川勇一（いしかわ・ゆういち）

行者（修験道、初期仏教）、臨床心理士、公認心理師、相模女子大学教授、法喜楽庵（心理相談室）・法喜楽堂（瞑想道場）代表、日本トランスパーソナル心理学／精神医学会前会長。1971年、神奈川県相模原市生まれ、山梨県山中湖村在住。早稲田大学人間科学部卒、早稲田大学大学院人間科学研究科卒。病院心理カウンセラー（精神科、心療内科）、大学学生相談員などを経て、法喜楽庵（心理相談室）・法喜楽堂（瞑想道場）を開業、心理療法を約30年、瞑想会・リトリートを15年以上実践。学術研究の限界を感じて修行の世界に足を踏み入れる。修験道（熊野）、アマゾン・ネオ・シャーマニズム（ブラジル）、上座部仏教短期出家（ミャンマー、タイ）などを経て、初期仏教に基づく独自の修行・研究・臨床実践を行う。心理療法、瞑想、ダンマを統合した独自のダンマ・セラピーを実践・研究。相模女子大学人間社会学部人間心理学科では「臨床心理学概論」「ソマティック心理学概論」「宗教心理学」「心理療法演習（臨床動作法）」「ソマティックス演習I（瞑想法）」「心理実習」などの科目を担当。主な著書に『ブッダの瞑想修行』『心を救うことはできるのか［新装版］』（以上、サンガ新社）、『修行の心理学：修験道、アマゾン・ネオ・シャーマニズム、そしてダンマへ』『新・臨床心理学事典：心の諸問題・治療と修養法・霊性』（以上、コスモス・ライブラリー）、『スピリット・センタード・セラピー』（せせらぎ出版）、『心理療法とスピリチュアリティ』（勁草書房）など。

法喜楽庵（心理相談室）・法喜楽堂（瞑想修行道場）
http://houkiraku.com/
こよなき幸せになる最強ダンマチャンネル
https://www.youtube.com/@dhammarato
X：https://x.com/yishikawa220

ブッダのことばの出典

片山一良訳　『パーリ仏典 第1期1 中部（マッジマニカーヤ）根本五十経篇 I』
　大蔵出版、2017年（第5章扉）
中村元訳　『ブッダのことば：スッタニパータ』岩波書店、1984年（第1～3、8章扉）
中村元訳　『ブッダの真理のことば・感興のことば』岩波書店、1978年（第6章扉）
中村元監修、前田專學編、服部育郎・松村淳子訳
　『原始仏典III 増支部経典 第四巻』春秋社、2018年（第7章扉）
中村元監修、森祖道・浪花宣明編、田辺和子・山口務・勝本華蓮・岡野潔・林寺正俊訳
　『原始仏典第6巻 中部経典III』春秋社、2005年（第4章扉）

ブックデザイン　喜來詩織（エントツ）
カバー・本文イラスト　しゅんぶん
校正　永田和恵（株式会社剣筆舎）
DTP　株式会社キャップス
プロデュース　水原敦子

欲ばらない練習

2024年12月22日　初版発行

著　者　石川 勇一
発行者　太田 宏
発行所　フォレスト出版株式会社
〒162-0824
東京都新宿区揚場町2-18 白宝ビル7F
電話　03-5229-5750（営業）
　　　03-5229-5757（編集）
URL　http://www.forestpub.co.jp/
印刷・製本　日経印刷株式会社

ISBN978-4-86680-267-1　Printed in Japan

『欲ばらない練習』購入者特典

［ダウンロード］

PDF 本当の自分を知る欲望チェックシート

PDF チェックシートの記入例

動画 知足と感謝の瞑想（解説と誘導瞑想）

本書でご紹介した「欲望のバリエーション・チェック」と
「知足と感謝の瞑想」、実際にやってみていただけたでしょうか。
日々の忙しさにとりまぎれていると、
ゆっくり瞑想するのも一苦労です。
けれども、静かに座るだけでも絶大な効果があります。
そこで、著者である石川勇一氏による、
「本当の自分を知る欲望チェックシート」とその記入例、
「知足と感謝の瞑想」の解説と誘導瞑想動画を
提供いただけることになりました。
一度ご覧いただくと、難しくはないことがわかり、
モチベーションも上がることでしょう。

読者プレゼントを入手するには
こちらにアクセスしてください。

https://frstp.jp/yokubaranai

＊特典はWeb上で公開するものであり、
小冊子、CD、DVDなどをお配りするものではありません。
＊上記特別プレゼントのご提供は予告なく終了する場合がございます。
あらかじめご了承ください。